AF453816

IL A ÉTÉ TIRÉ DE CE LIVRE

PAR M. LÉON ÉCHÉGUT, IMPRIMEUR AU HAVRE

CINQ CENT VINGT-CINQ EXEMPLAIRES

DONT :

25 exemplaires sur papier de Hollande, numérotés de 1 à 25,
5oo exemplaires sur papier velin teinté, numérotés de 26 à 525.

No 196

LE

SANG DES DIEUX

Gustave Moreau pinx.^t   Héliogravure et imp. Lemercier et Cie Paris

LE
SANG DES DIEUX

PAR

JEAN LORRAIN

Avec un Dessin d'après Gustave MOREAU

Cruenta diis, divina belluis.

PARIS

ALPHONSE LEMERRE, EDITEUR

29-31, PASSAGE CHOISEUL, 29-31

—

M DCCC LXXXII

LÉGENDES DORÉES

PARFUMS ANCIENS

LE SANG DES DIEUX

I.

AU MAITRE LECONTE DE LISLE

 EST DÉDIÉ CE LIVRE

Paris, 23 Janvier 1882.

JEAN LORRAIN.

PROLOGUE

I

Un rapsode était né : don d'augustes parents,
De longs voiles de pourpre et d'or enveloppée,
La lyre étincelait dans les rameaux errants
D'un laurier rose en fleurs, près d'une haute épée.

La Muse entre ses bras prit la lyre sculptée,
Poussa du pied le glaive et d'un geste enivrant
Touchant le nouveau-né, la face encor trempée
De larmes, lui sourit dans l'ombre en murmurant :

« Tu seras le poète aux grands yeux transparents,
« Qui s'étonne ébloui dans la nature fée,
« Des lauriers d'or au front et de la prourpre aux flancs.

« Pâle et les yeux fixés sur la voûte étoilée,
« Tu seras le songeur sublime, indifférent,
« Qui marche sous la lune et s'abreuve au torrent.

PROLOGUE

II

« *Les lions chevelus te suivront dans Tempées*
« *Subjugués, seul debout dans la nature enfant*
« *Tu seras le rôdeur des roches escarpées,*
« *Qui songe dans l'aurore et le soleil levant ;*

« *Celui que les Sylvains et les blanches Napées*
« *Du fond de la vallée admirent en rêvant,*
« *Dressé sur l'horizon aux larges échappées,*
« *Le front dans le vertige et les pieds dans le vent,*

« *Et ton nom fleurira chez les rois et les pâtres !* »
Elle dit, et levant sous ses voiles bleuâtres
Ses beaux bras nus, chargés d'or et d'anneaux croulants,

La Muse, d'astres clairs et de rayons coiffée,
Pendit la grande lyre entre les thyrses blancs
Du fin berceau d'ivoire où vagissait Orphée.

I

LES LÉGENDES DORÉES

✳

LE MIRACLE D'ODILE

AU MAITRE, A LECONTE DE LISLE

Les saints de pierre assis dans la voûte des porches,
Les anges du transept et l'âme d'or des cloches,
Captives dans la cage énorme du beffroi,
Tous connaissaient Odile, et, grelottant de froid,
Les pauvres accroupis aux balustres de pierres,
Les trèfles des piliers et les lys des verrières,
Dans les noirs croisillons ouvrant leurs fleurs d'azur,
Et la lampe, astre d'or au fond du chœur obscur,
Tous bénissaient Odile et, quand fête et dimanche,
Róse et tenant baissés ses grands yeux de pervenche,

Elle passait dans l'ombre austère du portail,
Son vieux missel d'ivoire aux lourds fermoirs d'émail
Appuyé sur son cœur, une fraîcheur d'aurore
Pénétrait dans l'église, et la cloche sonore
S'élançait plus joyeuse à travers l'infini.

Entr'ouvrant sur son front leurs mains de dur granit,
Les apôtres, rangés au fond du porche sombre,
Lentement du regard la bénissaient dans l'ombre
Et, debout dans l'espace au milieu des dragons
Et des guivres dorés, les anges des balcons
Semblaient d'un vol plus sûr avec de longs bruits d'ailes
Monter dans l'azur libre où sont les hirondelles.
Car Odile, âme pure et blanche entre les lys,
Etait humble, pieuse et naïve ; à longs plis
Drapée et sans joyau sa robe était de laines,
Quoique riche ; et parmi les bourgeoises hautaines,
D'un bruit d'or et de soie emplissant le portail,
Rose et les yeux fixés sur les saints du vitrail,
Elle passait dans l'ombre ainsi qu'une Madone.
D'un geste humble et discret elle faisait l'aumône
Aux pauvres de l'entrée, évitant le regard
Des beaux jeunes seigneurs chamarrés de brocart,
Plus bruyants que des paons et plus vains que des merles,
Avec des lourds colliers de rubis et de perles,
Qu'ils faisaient ruisseler du bout de leurs doigts fins,
En offrant l'eau bénite aux femmes d'échevins.

Elle, Odile, évitant la main des jeunes sires
Campés sur son passage avec de fiers sourires,

Allait droite et pensive aux pauvres loqueteux
Du parvis et, baisant au front les souffreteux,
Leur donnait du pain blanc et non du pain de seigle.
Et près du bénitier, Saint Marc avec son aigle,
Saint Jean avec l'agneau, Saint Luc avec le chien,
La voyant faire ainsi, disaient entre eux : « C'est bien.»

II

Or il advint qu'un jour au milieu du cortège
Des beaux jeunes seigneurs, las de tendre leur piège,
Le plus vain d'entre tous ces oiseleurs d'amour,
Le comte Horne (il venait, disait-on, de la cour
De Rome, où Pierre alors menait joyeuse vie,
Ramenant avec lui toute une compagnie
D'aventuriers toscans âpres aux pauvres gens,
Et les femmes craignaient leurs regards outrageants).
Le comte Horne, superbe et fort dans sa cuirasse
D'argent damasquinée, aux lys de la rosace,
Jetant, plein de mépris, ses gantelets dorés,
Dit à ses compagnons debout sur les degrés :

« Que la Vierge m'étrangle et que saint Jean m'écorche!
« Depuis bientôt dix mois que, debout sous ce porche,
« Nous grelottons, messieurs, dans l'espoir d'un baiser,
« Cette dévote enfant nous fait, je crois, poser.

2.

« Pâques Dieu, c'est railler : voilà déjà trois messes
« Que j'avale aujourd'hui sans parler des confesses,
« Où je fus l'autre soir, près d'un pilier caché,
« Voulant connaître enfin l'odeur de son péché !
« Hé !... nous sommes joués... la petite morveuse
« En dépit de nous tous demeure vertueuse :
« Nous, nous y perdons gloire, amours, galant renom
« Et, chez le duc hier, madame de Bouillon
« Nous déclarait parmi les rires des suivantes,
« Habiles tout au plus à capter les servantes...
« Et le fait est, messieurs, qu'il est exorbitant
« De nous voir arrêtés devant ce jeu d'enfant
« Et c'est là notre faute à tous, tant que nous sommes,
« Au lieu de nous montrer en braves gentilshommes,
« Et d'aller brusquement, comme il sied, à l'assaut,
« Nous nous sommes conduits... connaissez-vous un sot?
« C'est moi, c'est vous, messieurs, avec vos simagrées !
« Les femmes, messeigneurs, aiment, les mijaurées,
« Qu'on les brusque, le viol est de leur gout parfois
« Et c'est les ennuyer que leur baiser les doigts.
« Or, moi qui m'y connais en filles, je vous jure
« Qu'Odile avant un mois baisera ma chaussure ;
« Je veux vous la montrer soumise à mes genoux,
« Frottant son museau rose et vierge à mon poil roux...
« Vous en doutez, messieurs.. eh!.. qu'à cela ne tienne !
« Quand ces taureaux beuglants auront dit leur antienne
« Et que la belle enfant avec ses airs dévots
« Sortira dans la foule inepte des cagots,
« Moi, Jehan comte Horne, je veux que l'on me roue,
« Si je ne vais baiser la fille en pleine joue,
« Et si la belle enfant ne me répond : merci !
« Ma lame à pommeau d'or, l'armure que voici,

« Laquelle, je le sais, vous daignez trouver belle,
« Mon cheval alezan, son licol et la selle
« A celui d'entre vous, témoins de mes serments,
« Qui dans un mois d'ici prouvera que je mens ! »

Les autres en riant reçurent la gageure.

Or, juste à ce moment, au lent et sourd murmure
Des orgues achevant l'office solennel,
La foule s'écoulait : les cloches en plein ciel
Carillonnaient, mettant la vieille ville en joie
Et, charmante, inclinant son col neigeux qui ploie,
Odile apparaissait dans l'ombre des piliers.

Arrêtée aux lépreux, le long des escaliers
Accroupis, douce et calme, elle faisait l'aumône
Et ses cheveux d'or fin semblaient une couronne
De sainte sur sa face, où rayonnait le ciel.
Fauve et le cou gonflé d'arrogance et de fiel,
Le comte Horne surgit alors devant Odile
Et dans ses doigts velus prenant sa main débile
Dans une étreinte atroce et brusque à l'écraser :
« Vos lèvres, damoiselle, appellent le baiser
« Comme la fleur l'abeille, » et d'un geste farouche,
Brutal, il appliqua sa bouche sur sa bouche.

Et les seigneurs riaient cyniques, outrageants.

La foule avait fait cercle autour des jeunes gens,
Tout émue et plaignant la brave demoiselle :
Elle alors sans rougir tendant son escarcelle.
« Pour les pauvres, » dit-elle au comte en s'inclinant.
Alors lui qui raillait, livide, frissonnant
Chancela;ses yeux fous,grands ouverts,semblaient suivre
On ne sait quelle horrible épouvante d'homme ivre
Et, tandis que ses dents s'entrechoquaient de peur,
Ses doigts forts et noueux, écartés de stupeur,
Plongeaient dans son pourpoint et laissaient,force inerte,
Fondre écus et ducats dans l'escarcelle ouverte
De la vierge, debout sous ses longs cheveux d'or.

Quand il eut, blanc de rage, avec un lent effort,
Dans les mains de l'enfant vidé toute sa bourse,
Odile calme et rose alors reprit sa course ;
Et la foule s'ouvrait, craintive, à reculons
Sur ses pas.
              Et l'on vit avec deux gros jurons,
Tel un bœuf assommé roule abattu sur place,
S'effrondrer brusquement le comte et sa cuirasse ;
Juste sous le vitrail où tout à l'heure encor
Il narguait la Madone et les fleurs de lys d'or,
Le comte Horne tomba, la peau moite et rigide
Et, debout près de lui, le front non moins livide,
Ses hautains compagnons se taisaient, fous d'horreur,
Restés seuls, car le peuple avait fui de terreur.

Odile alors, tournant son front calme en arrière,
Dit aux jeunes seigneurs : « Demeurez en prière. »

Et, tout un mois durant, au milieu des lépreux,
Dans l'ombre agenouillés sous le parvis poudreux,
Les beaux jeunes seigneurs en larmes demeurèrent.
Leurs habits de brocart loque à loque tombèrent
En haillons et, leur saye effrangée aux genoux
Montrait leur chair terreuse et jaune entre les trous.
Eux, les beaux fils d'amour, les gais coureurs de filles,
Avaient pour compagnons des vieillards à béquilles
Et leur barbe était longue et leurs ongles noircis.
Trente et un jours, les yeux de larmes obscurcis
Ils prièrent, veillant le comte Horne immobile,
Sous le porche étendu ; chaque matin Odile
Passait au milieu d'eux, disant de sa voix d'or :
« Pour les pauvres, messieurs, » et prenait sans effort
Les agrafes des uns et les colliers des autres.

Enfin un mois passé, le jour des saints apôtres,
L'évêque Otto, debout, en tête du clergé
Et le peuple à genoux sous le parvis rangé,
Odile en habits blancs s'avança toute seule
Et, prenant par la main une pauvresse aïeule,
Aveugle et brèche-dents qui geignait près de là,
Lui fit baiser au front le comte et l'éveilla :

« Seigneur Horne, dit-elle alors, rendez-moi grâce.
« Vous avez conservé l'épée et la cuirasse,
« L'épée à pommeau d'or, la cuirasse d'argent,
« Et sellé de velours, le cheval alezan
« Vous reste avec la bride en fine orfévrerie.

« Car, selon le serment d'un matin de folie,
« Vous m'avez devant tous embrassée en plein front
« Et je vous dis merci, seigneur, pour votre affront. »

Et, s'étant inclinée, elle entra dans l'église.

Horne alors se leva la face terne et grise
Et, voyant ses amis rangés le long du mur,
Joignit les mains dans l'ombre, entendant dans l'azur
La voix des cloches d'or et des saints immobiles
Dans leurs niches de pierre, autour des campaniles,
Bénir le nom d'Odile et de Christus vainqueur,
Et la paix désormais habita dans son cœur.

LES HÉROÏNES

A MON AMI ALBERT DOAZAN

Filles adorables du rêve,
Des femmes aux longs cheveux d'or,
Se tiennent en rond sur la grève,
Debout dans un superbe effort.

Reines d'amour et de légende,
Le front hautain et les seins nus,
Elles viennent de Broceliande
Et des royaumes disparus.

Moulant dans d'étroites simarres
A fleurs d'azur, à rinceaux d'ors,
Leurs bras surchargés d'anneaux rares
Et la sveltesse de leur corps,

Les lys en feu de leur poitrine
Aux siècles croulés dans l'oubli
Jettent dans leur splendeur divine
Un héroïque et fier défi.

Mélusine, Yseulte, Genèvre,
Triste comme un appel de cor,
Leur nom baise et meurtrit la lèvre
Du barde qui le sait encor.

Les batailles, les épopées,
Les serments d'amour décevants,
Mieux qu'au clair fracas des épées
Revivent dans leurs noms charmants.

Le poète épris de leur gloire,
Chère aux anciens harpeurs gallois,
Comme un éclair dans la nuit noire
Des temps, les évoque à mi-voix.

Au fond des siècles réveillées,
Ecartant leur léger linceul
Les Héroïnes oubliées
Renaissent alors pour lui seul.

A l'abri des hautes falaises
Leurs ombres, aux fauves rayons
Des couchants de pourpre et de braises,
Surgissent, lentes visions.

La clarté des songes les baigne,
Allumant en humide éclair
Les perles rondes de leur peigne
Et les tons nacrés de leur chair.

Et l'artiste, au fond de son rêve
Voit sourire et passer encor,
La main dans la main sur la grève,
Les reines aux longs cheveux d'or.

ENIDE

Dans un rai de lumière, auprès de l'âtre assise,
Enide aux bras de neige, Enide, enfant d'Yniol,
File au rouet la laine et sourit, fleur exquise,
Et sourit à sa mère assoupie.... Un grand vol

De pétales de lys et d'œillets, par la brise
En passant effeuillés, jonche à ses pieds le sol,
Fleurit sa robe usée et fait dans l'ombre grise
Pleuvoir des baisers frais et dorés sur son col.

Or, tandis qu'au milieu des fleurs et des ramures,
Dans le burg en ruine envahi par les mûres,
Enide et ses vingt ans chantent au bois désert,

Le fiancé rêvé par la belle pensive,
Un fils de roi s'arrête au vitrail entr'ouvert,
Le cœur à jamais pris dans son étroite ogive.

VIVIANE

Au fond de Broceliande, où loin de tout profane
Merlin sommeille encore, ivre et lassé d'amours,
Blanche, attirante et souple apparaît Viviane.
Un étroit tortil d'or entre ses cheveux lourds.

Elle danse en chantant au milieu des bardanes,
Dans les glauques reflets des mousses de velours,
Et le cercle éclatant de ses pieds diaphanes
Eblouit l'ombre verte au fond des grands bois sourds.

Les pieds nus caressés dans ses cheveux d'or fauve,
La courtisane danse et les bois, tiède alcôve,
De leurs parfums troublants enivrent le vieillard.

La courtisane danse avec un long regard
Et lui qui sent ses mains errer sur son front chauve,
Cède et lui livre enfin le secret de son art.

ELAINE

Dans sa barque étendue auprès d'un seul rameur,
La dame d'Astolat, face pâle et sereine,
Descend au fil de l'eau dans un cercueil d'ébène
Le fleuve de l'oubli, ce suprême endormeur.

Ses cheveux répandus sur sa robe de laine
Toute blanche, un lys d'or à la main sur son cœur,
Son cadavre adorable et pur au nom d'Elaine
Va demander justice au roi de son seigneur.

Et lui, l'ingrat seigneur, quand il eut vu ses armes
Peintes sur le drap noir à l'avant du bateau
Et ses longs cheveux d'or fin qui trempaient dans l'eau,

Le dur seigneur alors connut, dit-on, ses charmes
Et pleura, mais Elaine insensible à ses larmes
Resta froide à son tour auprès de Lancelot.

GENÈVRE

Quand elle eut descendu, le front blanc de terreur,
La spirale effrayante et sans fin de l'abîme,
Où gisaient effeuillés les lys de son honneur,
La reine aux blonds cheveux connût alors son crime.

Et son passé d'amour et d'or lui fit horreur.
Elle maudit alors, l'adultère Genèvre,
Le vide de son âme et la soif de sa lèvre,
Contre terre étendue aux pieds de son seigneur

Et ses longs cheveux roux épandus autour d'elle
Faisaient un ruisseau d'or au seuil de la chapelle,
Dans l'ombre, où se tordait la splendeur de son corps.

Et lui, le cœur repris dans les molles caresses
De ce beau corps plaintif et de ces longues tresses,
N'osa pas la frapper et bénit son remords.

MÉLUSINE

La belle Mélusine enivrait les regards,
Si blanche, avec ses yeux couleur d'aigue-marine
Que le peuple effrayé de sa splendeur divine
La chassa de sa ville et là, sous les remparts,

Les bras nus cerclés d'or et lourde de brocarts,
Elle errait à pas lents, la pâle Mélusine,
Et des larmes roulaient sur sa blanche poitrine,
Entre ses cheveux roux sur son beau col épars.

Elle parvint ainsi dans le pays des fées
Et là, dans des ravins pleins de voix étouffées,
Elle fit halte.. alors elle vit que les loups

Dociles la suivaient et que ses grands yeux doux
En se fixant au ciel, arrêtaient les nuées
Errantes sous la lune et le vol des hiboux.

YSEULT

Loin des clameurs du monde et des cours dénigrantes
Yseult, la blanche Yseult au fond d'un bois obscur
Avait rejoint Tristan et là, parmi l'air pur
Et l'ombre des halliers, pleins de voix attirantes,

Elle errait sans couronne, heureuse, indifférente,
Ses cheveux dénoués sur sa robe d'azur,
Les yeux ravis d'amour, enivrée, enivrante,
Buvant aux sources d'or et mordant au fruit mûr.

Le souci de leur faute et le soin de leur gloire,
Les bienfaits du roi Mark et l'oubli de leur cour,
Comme un songe d'avril, avaient fui leur mémoire.

Les soirs, ils s'arrêtaient aux fontaines pour boire
Et les chênes aïeux, qui savaient leur histoire,
Les appelaient tout bas les proscrits de l'amour.

LA DOULEUR DU ROI WITLAW

A VICTOR HUGO

Le roi Witlaw le chauve, exarque de Finlande,
Est triste, il a pourtant sur la côte normande
Trois cents vaisseaux d'érable à la poupe d'or pur,
Qui le font roi du golfe, et neuf îles d'azur,
Perles du gouffre amer, étoilent sa couronne.
Anolt, Fionie, Helgoland la Saxonne,
Lui paient tribut de cuivre et d'étain, les Œlands
Avec le port d'Ascren cher aux vieux rois normands
Sont sa part de conquête, et les îles Baltique
Font une aube de gloire à son casque héraldique,
Que surplombe au cimier l'aigle noir d'Imanus.
Il a Mona pour trône et la vieille Aarhus,

Dont les bleus horizons sont pleins de campanile
Et de mats frissonnants dans l'espace, est sa ville.

Debout parmi les flots et bravant leur effort,
Vingt colosses de marbre en observent le port,
Ressuscitant chacun les héros de la race,
Dont Wiltlaw est le fils, et, quand à la terrasse
Witlaw, roi des Saxons, vient s'accouder les soirs
Au milieu des parfums mourants des encensoirs,
Il a pour horizon dans la splendeur du rêve,
Vaste échiquier de pierre oublié sur la grève,
Aarhus endormie aux pieds des rois géants.

Pourtant Witlaw est triste ; assis parmi ses grands,
Il est là qui se tait, lourd de pourpre et d'hermine
Et sa barbe neigeuse inonde sa poitrine
Toute blanche ; il soupire, il ne peut oublier
Qu'il a quatre-vingts ans et n'a point d'héritier,
Que sa race finit à Bertrade la blonde,
Que Bertrade est mourante et qu'il n'a qu'elle au monde
Pour relever le nom ; il songe qu'il est seul,
Les doigts noirs des valets lui coudront son linceul
Et de son lit de mort il verra, blanc fantôme,
Aux mains des fiers vassaux s'en aller son royaume,
Sa ville, sa couronne et son nom dans l'oubli
S'éteindra, nimbe d'or entre ses doigts pâli,
Emportant avec lui la splendide épopée
Des aïeux, désormais la main sur leur épée
Ecroulés dans l'oubli du repos éternel.

Or un soir qu'il songeait, plus triste et solennel
Que la veille, affaissé contre la balustrade
De la haute terrasse et le nom de Bertrade
Aux lèvres, le vieux sire, au fauve et lent rayon
Du couchant qui tombait, eut cette vision :
L'ombre des rois géants, s'allongeant sur la grève,
Montait dans la stupeur effrayante du rêve
Aux balustres de pierre, où Witlaw chaque soir
Venait pleurer et là formaient un grand pan noir
De ténèbre, où soudain dans la clarté des songes
Un spectre, un être affreux d'horreur et de mensonges,
Se dégageait livide, inouï, surhumain,
Dieu tenant à la fois du géant et du nain,
Géant aux bras noueux, nain grêle au front difforme.
Un casque d'or verdâtre, ailé d'or mat, énorme
Ceignait sa tempe humide, où couraient des lueurs
Glauque et verte, sa peau moite avait des sueurs
Pâles, d'où s'exhalait une âcre odeur marine
Et des crânes humains jouaient sur sa poitrine
En lourds colliers.

    Les bras croisés et les yeux clos,
D'une voix lente et qui semblait sortir des flots,
Le nain prit la parole et dit au roi stupide :

« Sigur, fils de Wotan, fils d'Ymer, fils d'Enide,
« Fut grand et fort ; son glaive et son casque étaient d'or.
« En deux ans il soumît les peuplades d'Arvor
« Et mourut ; après lui vint Cédric le rigide ;
« Son bras était d'acier, et sa barque rapide
« Aborda la première au rivage breton.
« Les vieux harpeurs gallois ont conservé son nom.

« Hastings, qui fut son fils, lui, ramena des rives
« Des Saxons tout un peuple en larmes de captives,
« Si nombreux, que chacun des jarls en avait troi
« Pour leur servir à boire et les bâtards du roi
« Pulullaient plus serrés que les sables des grèves.
« Wilfrid après mille ans étonne encore les rêves
« Des soldats attardés aux nocturnes récits.
« Harold, Yniol, Gérain furent grands, ses deux fils
« En valaient trente ; Otto derrière ses armées
« Traînait, pieds et poings liés, les pâles renommées.
« Macumer fut terrible et dur, les rois du Nord
« Se couchaient à plat ventre en entendant son cor
« Appeler la famine, et l'effroi dans les landes.
« Le grand Kanut emplit à lui seul vingt légendes.
« Quand, les soirs de bataille, il passait dans les rangs
« Des morts restés debout, ses genoux durs et blancs
« Luisaient et son cheval avait le poitrail rouge.
« Avant Héric le noir, l'Irlande était un bouge.
« Héric vint et prenant le barbare aux talons,
« Lui rompit la cervelle ; Edryn aux cheveux blonds
« Etait un gars farouche et terrible aux pucelles.
« Des femmes se tordaient entre ses mains cruelles
« En dix mois il força vingt villes et viola
« Douze filles de rois, dont celle de Béla,
« Roi de Spire, et qui fut depuis duchesse en Flandre.
« Comme un bois de sapins au vent froid de Décembre,
« Les harpes de granit des vieux scaldes chrétiens
« Se brisaient au seul nom d'Odrus, roi des païens ;
« Car la glaive d'Odrus faisait fleurir les plaines,
« Toujours humide et frais du sang pur de ses veines,
« Et les corbeaux volaient autour de son cimier.
« Enfin de tous ces rois le fils et le dernier,

« Erdors vint, digne encor> de ces races hautaines;
« César des monts neigeux et des îles lointaines
« Qui nagent dans le ciel et les gouffres amers,
« Erdors pour échiquier avait l'azur des mers
« Et les rois, noirs bergers, entre ses mains dociles,
« Sentant son pied posé sur leurs nuques serviles,
« Au gré de ses dix doigts bouleversaient l'univers,
« Ce fut tout.
                    Tous ces rois, fils de rois, durs et fiers,
« De leur cimier tragique épouvantant l'histoire,
« Resplendissent si haut dans l'aurore et la gloire,
« Que leur crime à travers les siècles entrevus
« A leurs fronts rayonnants fait une aube de plus.
« Pourquoi?
                    C'est qu'à travers l'âpre horreur des mélées,
« Les meurtres et les cris des vierges violées,
« Le roi Wiking, fidèle au culte des aïeux,
« Ne renia jamais le nom des anciens dieux.
« A l'essieu de leur char Odin et ses prêtresses
« Attachaient la Victoire avec leurs longues tresses
« Et celle qui se plaît aux sublimes efforts
« Des mâles se heurtant dans l'ombre avec les forts,
« La blanche Walkyrie, amante des batailles,
« Etait là, du sang bleu sorti de leurs entrailles
« Faisant pour les combats et les meurtres futurs
« Renaître d'autres fils aux membres blancs et durs.

« La splendeur d'une race est dans la foi gardée
« Aux aïeux; mais depuis que le dieu de Judée
« A mêlé son sang chrême au sang bleu des Wikings
« Dans Witlaw le maudit, honte et remords d'Hastings,
« Les dieux ont détourné leur front de notre race.

4

« O roi, voilà pourquoi les soirs à la terrasse
« Du vieux palais, bâti par les vieux rois païens,
« Tu viens pleurer dans l'ombre et le dieu des chrétiens
 «Ne peut rendre, enfermé dans l'or de son ciboire,
« Ni la vie aux mourants ni l'éclat à ta gloire !
« Tu triomphais.... Christus t'avait entre les forts
« Sacré roi de la terre et tu bravais les morts,
« Quand voilà que la mort, montant du passé sombre,
« Prend ta fille à la gorge et la couche dans l'ombre.
« Tes parjures, Witlaw, ont filé son linceul.
« Or toi, père et vieillard, désormais triste et seul,
« Moi l'esprit de ta race, envoyé pour maudire,
« Par pitié je veux bien, vieillard, encor te dire
« Un seul mot.... ton salut.

                Retourne aux anciens dieux,
« Abandonne le Christ et son culte odieux ;
« Comme autrefois Hastings, extermine ses prêtres
« Et relève Irmenseul ; le courroux des ancêtres,
« Prêt à s'appesantir, est sur ton front maudit.
« Adore en moi leur gloire et Bertrade revit,
« Adore et, remontant les degrés de l'histoire,
« Tu fleuris dans ta race et renais dans la gloire. »
Et Witlaw face à face englobant le démon,
Se signa lentement et lui répondit

                  « Non,
« Christus est Dieu, va-t-en ! »

                Et la face accablée
Dans ses mains, le vieux roi pleura.

                L'ombre étoilée
Palpitait sur sa tête et, quand il la leva,
La nuit des rois géants, le nain n'étaient plus là
La lune blanchissait la terrasse isolée.

Seulement près de lui, calme et de blanc voilée,
Moins qu'une ombre, une forme au vague et pur profil
Se tenait appuyée à la rampe.
                                        Au péril
Le roi fixa les yeux et reconnut Bertrade.

Or lui, qui la savait moribonde et malade
Dans un cloître éloigné, ne comprit pas d'abord
Comment, les bras en croix, sous ses longs cheveux d'or,
Bertrade avait quitté l'enclos du cloître austère
Et, traversant le mont et le val solitaire,
Se trouvait près de lui souriante et debout.

« La très sainte Marie et l'Esprit qui sait tout
« Vers vous m'envoyée en hâte, mon doux père,
Dit-elle d'une voix si douce, que la terre
Frémissait, tant le ciel était dans cette voix,
« Car Jésus, qui voit l'ombre au fond du cœur des rois,
« Sait pourquoi chaque soir à la haute terrasse
« Vous venez vous asseoir pensif, non, votre race
« N'est point morte avec vous, car vous avez dit : « Non »
« Au Maudit, et Christus a vaincu le démon.
« J'ai maintenant aussi mon excuse à vous faire ;
« Père, j'ai mérité votre auguste colère
« Royale en refusant obstinément l'époux
« Que vous me destiniez : j'ai vécu loin de vous
« A l'heure où, s'affaissant lentement vers la tombe,
« L'aigle royal avait besoin de la colombe.
« J'ai fui, lâche, évitant le calice de fiel
« Pour m'enfermer vivante et ravie en plein ciel

« Au cloître ; et le fait est, mon père, que les filles
« Ne sont pas ce qu'il faut aux anciennes familles :
« La femme, esclave et proie, est la part de l'époux.
« Mais un fils au regard ferme et clair, au poil roux
« Est le digne soutien qui sied aux nobles races.
« La robe est pour la femme, aux hommes les cuirasses,
« Aux rois le sceptre d'or, aux reines le fuseau. »

— « Le Seigneur m'a courbé, plié comme un roseau,
Pensait le roi Witlaw en écoutant Bertrade.
« Comment aurais-je un fils ! je suis vieux et malade.
« Les nonnes ont tourné la tête à cette enfant. »

Et Bertrade sourit dans l'ombre en poursuivant :
« Un miracle est possible à tout âge, mon père,
« Quand le Seigneur le veut ; une vierge fut mère,
« Abraham eut d'Agar un fils à cent dix ans ! »
Et lui haussant l'épaule : « Ou j'ai perdu le sens
Murmurait le vieux sire, ou cette enfant est folle. »
Sans voir, le pauvre roi, qu'une chaude auréole
Sur le front de Bertrade errait, cercle de feux.

Posant alors sa main pâle entre les cheveux
Argentés du vieillard, elle dit à voix basse :
« Père, reportez-vous dans le nombre et l'espace
« Au temps, où votre barbe et vos cils étaient d'or.
« Reportez-vous, mon père, aux falaises d'Arvor
« La journée, où Witlaw, emporta la victoire.

« Les morts et les chevaux jonchent la grève noire
« Et le champ de bataille, où lente vient la nuit,
« Se tait ; vainqueurs, vaincus, prisonniers, tout a fui.
« Seul oublié dans l'ombre à travers la déroute,
« Un traînard, un blessé, s'agite sur la route.
« Il tire par la bride un cheval et son sang
— « Je le vois, dit Witlaw, la blessure est au flanc
« Droit, ouverte. .

        — « Et son sang s'échappe goutte à goutte
« De la plaie : il s'arrête et se penche, il écoute. . . .
« Pas un souffle ; au lointain pas un appel de cor.
« Partout la grève immense et déserte d'Arvor,
« Seulement vers le Sud sous le ciel bas et terne,
« Comme auprès d'un écueil une louche lanterne
« De corne, affreux signal des naufrageurs de nuit,
« Au pied de la falaise un feu vacille et luit.
« Le blessé, l'œil tendu sur la flamme incertaine,
« Se traîne sur la grève. . . .

        Et le roi sans haleine
Interrompit : « Je vois, c'est bâtie en galets,
« Une cabane obscure, où sèchent des filets
« De pêcheur. . . .

        Et, d'un geste interrompant son père,
Bertrade dit : « Voyez au fond de la chaumière.

« Un homme est étendu sur du varech, il dort.
« Debout à son chevet, levant avec effort
« Pour le voir respirer une lampe de cuivre,
« Une femme est auprès, son œil pur est comme ivre
« Et l'on voit dans la nuit palpiter son sein nu.
« Elle admire en sueur et pâle l'inconnu.

4.

« Cette femme attentive est la femme de l'hôte.

« Lui, l'époux, depuis l'aube est voguant sous la côte ;

« Car, au lieu de deux corps à nourrir, ils sont trois

« Dans la hutte, où le serf héberge un fils de rois.

« Mais quel souffle brutal a soufflé la lumière !

« La femme avec un cri s'est jetée en arrière...

« O honte, l'inconnu, ne dormait pas

« Et, saisie, enlacée, étreinte entre ses bras,

« La femme est là qui tremble effrayée et farouche,

« Près du guerrier assise au rebord de sa couche,

« Effroyable baiser, double complicité

« Violant la foi jurée et l'hospitalité.....

« Ce traître envers son hôte et cet homme adultère

« Connaissez-vous son nom !

Et, fermant sa paupière

Pour retenir un pleur. Witlaw dit : « Je le sais. »

— « Dix-neuf ans sont passés, la cabane aux filets

« Est toujours là debout sur la grève isolée.

« Le guerrier est parti, la femme, elle, est restée

« Avec son repentir ; la faute et le remord

« Ont fleuri, le pécheur, homme probe, en est mort

« Et l'enfant calme et rose a grandi, comme un rêve,

« Renié par son père, adopté par la grève,

« Rarement caressé par la mère aux yeux lourds ;

« Puis un soir de clémence, après bien des longs jours,

« La mort est revenue heurter à l'humble porte,

« Dans l'ombre, où l'attendait depuis quinze ans la morte

« Et l'enfant orphelin est resté seul, au soin

« De la grève nourrice, allant de loin en loin

« Voir perdu comme lui dans l'âpre solitude

« Un vieux moine, un saint homme au cœur pur, au front rude.
« L'enfant auprès de lui sculpte des croix de bois,
« Que le moine va vendre et le fils de nos rois
« Vit de la charité d'un prêtre centenaire,
« Du produit de ses doigts, ignoré de son père
« Aujourd'hui sans enfant, comme il est, lui, sans pains. »

Et Witlaw, le front moite, ayant joint ses deux mains,
Se leva tout debout et dit : « Est-ce possible !

— « Dieu juste prend le cœur des rois hautains pour cible.
« Or, si grand est le nombre affreux de leur forfait
« Que, courbé sous sa main, nul d'entre eux tous ne sait
« Quel crime ineffacé de leur vie ils expient....
« Tous tombent à genoux alors, tous ils s'écrient :
« Mon cœur est innocent, qu'ai-je donc fait, Seigneur !
« Witlaw a dérobé la femme du pêcheur,
« David au brave Urie a volé Betsabée »

Witlaw alors se tût, la tête encor courbée
Plus bas que tout à l'heure, atône, épouvanté,
Plus blême à cette voix pleine de vérité
Qu'à l'aspect monstrueux de l'esprit de sa race.

L'Aurore se levait sur la blanche terrasse,
Eclairant vaguement les rampes d'escaliers.
Witlaw alors, levant ses regards humiliés,
Vit que Bertrade avait les lèvres violettes

Et que ses pieds, serrés d'étroites bandelettes,
Comme dans l'air errants, ne touchaient pas le sol.
Elle semblait dormir immobile en son vol,
Comme une feuille d'or qu'un vent léger emporte,
Et lui comprit alors que sa fille était morte
Et s'écria : « Bertrade ! ».... elle avait disparu

A cette heure un courrier entrait dans Aarhu,
Annonçant que Bertrade, abbesse au mont Saint-Edme,
Avait passé la veille et Witlaw le jour même
Se rendit à cheval aux falaises d'Arvor,
Trouva l'enfant sculptant auprès du moine, au bord
Des flots et, sur son front ayant mis la couronne
De Sigur et d'Hastings, fit en langue saxonne
Aux Saxons, en danoise aux Norwégiens l'aveu
De sa faute, du rêve et, devant le ciel bleu
Ayant fait reconnaître à tous roi de Finlande
Son fils Herber, mourût. Ainsi, dit la légende
Fut fondée en l'an mil et vingt après le christ
(Gerbert a consigné le fait dans un écrit)
L'ére des rois chrétiens, Witlaw, Herber, Etienne,
Qui furent grands après ceux de l'ère païenne,
Commencée à Sigur et close au fils d'Erdors.

Que le ciel ait leur âme et le tombeau leurs corps.

LES CAPTIVES

A THÉODORE DE BANVILLE

A travers les récits épiques
Et les combats retentissants
On voit passer au vent des piques
Des femmes aux seins pâlissants.

Sous leur paupière humiliée
Leur regard haineux garde encor
Le reflet de Troie incendiée,
Croûlant au son brutal du cor.

Leur torse a des splendeurs de nacres
Sous leurs mouvants cheveux d'or clair
Et la rouge horreur des massacres
S'allume aux clartés de leur chair.

Sous leur ceinture ciselée
Et les anneaux de leurs bras ronds
Leur beauté triste et résignée
D'Eros a bu tous les affronts.

Présent fatal d'Eros aux braves
Et par les braves dédaigné,
Leur beau corps du maître aux esclaves
Passe tour à tour outragé.

Aussi leur chair indifférente,
Lasse de fatigue et d'amour,
A chaque amant plus transparente,
Se fane et pâlit chaque jour.

Ces pâleurs de fleurs maladives,
L'éclat de ces yeux sans sommeil
Sont votre parure, ô captives,
Filles de fange et de soleil.

La chair de vos blanches poitrines,
Meurtrie aux caresses d'Eros,
A gardé des saveurs divines
Où revit l'âme des héros.

Puisse cette saveur de crime,
Exhalée entre vos seins blancs
Captives, imprégner mon rythme
De leurs parfums chauds et troublants.

Βρισεϋσ

Briseïs a seize ans : son front veiné d'iris
A la douce paleur des aubes matinales
Et ses pieds transparents aux doigts cerclés d'opales
Font rêver au calice étincelant des lys.

Elle songe au Scamandre où dans les joncs fleuris
Elle se baignait nue, au temple aux larges dalles,
Où ses pieds bondissaient au son clair des crotales,
Ses pieds nus, aujourd'hui de lourds joyaux meurtris.

Elle revoit en rêve au fond des crépuscules
Le chœur plaintif et doux des blanches hiérodules,
Chantant l'hymne du soir sous les cieux solennels

Et, triste au souvenir de ses vœux éternels,
Sous ses bras nus d'enfant, serrés de bandelette,
Pour mieux pleurer sa honte, elle voile sa tête.

Ανδρομῆδη

Comme un beau lys de neige emporté dans des algues
Sur la grève au soleil vient mourir desseché,
Andromède gémit, debout au bord des vagues,
Nue et tordant ses bras aux parois du rocher.

Sous les feux du couchant le sable, ardente lave,
Brûle ce torse vierge au rivage attaché
Et la dune est déserte et le monstre qui bave
S'avance avec le flux et semble s'approcher.

L'œil fixe, elle agonise et râle, inerte, en proie
A l'horrible épouvante et son beau cou qui ploie,
Se gonfle et se meurtrit au lourd carcan de fer.

Et tandis qu'elle meurt, saignante échevelée,
Formidable et puissant, monte et surgit dans l'air,
Le groupe de Pégase et du divin Persée.

Ανδρομαχη

Assise à la clarté tremblante des étoiles,
Sur la haute terrasse au palais de Pyrrhus,
Andromaque sourit à ceux qui ne sont plus
Et la brise des nuits fait palpiter ses voiles.

Une ceinture d'or aux riches ciselures
Met une flamme claire autour de ses seins nus,
Et dans ses yeux de veuve aux ardentes brûlures
Nage le deuil amer des regrets superflus.

Son regard suit encore à travers la carrière
L'épique tourbillon de gloire et de poussière
Où flamboyait jadis le char ailé d'Hector

Et pensive, inclinant le cou sur sa poitrine,
Elle embrasse, elle étreint sur sa gorge divine
Le front pâle et charmant d'Astyanax qui dort.

Εννοια

Quand elle errait, pareille aux jeunes immortelles,
De son rire sonore exaspérant Pâris,
De vagues chaînes d'or sortaient de ses prunelles,
Et ses pieds nus foulaient des corps d'amants meurtris.

Quand la galère grecque aux rivages fleuris
De Sparte, ramenait l'épouse criminèlle,
La même clarté vague, étrange et solennelle
Riait sous sa paupière aux yeux des rois surpris.

Depuis elle a dansé sous le porche des bouges,
Toute nue et tendant sa bouche aux lèvres rouges
Des porte-faix de Rome et des athlètes roux.

Les baisers des Césars ont mordu sa poitrine
Et, dans ses yeux rougis, noirs et meurtris de coups
La clarté rit toujours éternelle et divine.

Κασσανδρα

Le cœur gros de sanglots, lasse d'ignominies
Kassandra la prêtresse erre auprès des flots verts.
Captive, elle en comprend les sombres harmonies
Et se tait, l'œil fixé sur l'infini des mers.

L'horrible amour des rois, les lentes avanies
De l'exilée errant loin du foyer désert
Et les dédains altiers des reines ennemies
Ont fait ses yeux de flamme et son profil amer.

Debout, les bras croisés sur sa robe de soufre,
Kassandre est là sans voix ; l'attrait fatal du gouffre
Plaît à son regard trouble où nage un deuil puissant.

Ses regrets, comme un crible où goutterait du sang,
Grain à grain dans les flots laissent tomber leur cendre
Et Kassandre avec eux sent son âme descendre.

Κρεσσιδα

Kressida la Troyenne a le regard pervers.
Un désir jeune et fou dilate sa narine,
Et dans son œil perfide aux mobiles éclairs,
Rit la verte clarté de la vague marine.

Sous les baisers des rois assoiffés de sa chair,
La lèvre humide et rouge et sa blanche poitrine
Ont pris une saveur troublante, un goût amer,
Et son torse a des tons polis de nacre fine.

Les beaux jeunes guerriers de Troie, Hector, Pâris
Troïlus l'ont aimée et fait râler jadis.
Pour chacun d'eux sa bouche avait un fier sourire.

Maintenant Kressida rit au fils de Thétys
Et, lascive au murmure attendri d'une lyre,
L'enivre de ses yeux clairs et froids d'hetaïre.

LORELEY

A LECONTE DE LISLE

La pertuisane au poing et la culotte à braies
Bien bouffante au genou, tous sont là sur deux haies,
Fiers et le nez au vent, reîtres et brabançons,
Tandis que la canaille et les mauvais garçons
De la ville font rage, huant la belle gouge
Dont la porte est dorée et dont le seuil est rouge.
Sur un brancard au fond sont entassés les morts
De la nuit ; l'un d'entre eux a dans son justaucorps
Jusqu'à vingt grands trous noirs, du noir saignant des mûres.

La grande place au loin est pleine de murmures
Et de voix ; d'heure en heure un gros de cavaliers
Vient se ranger dans l'ombre auprès des étaliers
Et, tout autour au bord des lourdes balustrades,
Des visages bouffis de bourgeoises maussades
Se penchent sur la foule en se montrant de loin
Le logis de la belle.... et ce ne sont que poing
Tendu vers la poterne et voix accusatrice,
Maudissant la lenteur des gens de la Justice,
Quand chacun tout à coup ôte son chaperon
Et se tait... car voici qu'au milieu du perron
Tous les yeux ont vu poindre et resplendir l'Aurore,
L'Aurore en pleine vespre... et c'est la belle Lore,
Qui descend l'escalier, un nimbe de rayon
Autour d'elle et les yeux sous un clair escoffion,
D'où coule en ruisseaux d'or la fine orfèvrerie
De ses longs cheveux roux.

                                        Dans sa robe fleurie
De gros rinceaux d'or vert sur un fond couleur ciel,
Lore descend : sa lèvre a la douceur du miel
Et tous ont oublié l'orgie et le massacre ;
Car Lore a de grands yeux bleu-vert, des chairs de nacre
Et Lore dans sa robe a gardé ses bras nus.
Tous ont le cœur serré, tánt ses yeux ingénus
S'ouvrent purs, le bourreau s'ennuie et les gens d'arme
Sous leurs sourcils pleins d'ombre ont l'éclair d'une larme
A la suite de Lore ils marchent le front bas.
La foule, elle, est autour ; on emboîte le pas,
On s'écrase le coude et le cortège arrive
A' la maison de ville, où l'on baille censive

Et charges aux marchands.

                    Le Conseil est dehors
Et tout le grand portail est tendu de draps d'ors,
Comme au jour où le roi vint loger dans sa ville.

Sur le haut des degrés un vieillard immobile,
Le sire gouverneur, attend les yeux rougis.
Ce vieillard est un père... il n'avait qu'un seul fils,
Qui pour l'amour de Lore est mort dans la tuerie
De la nuit; tout à l'heure une mère en furie
L'adjurait de venger leur fils et les aïeux
En lui morts, et la femme est là devant ses yeux.
« Seigneur punissez-moi, dit la belle, un abîme
« Est ouvert sous mes pas, où je roule, victime,
« Entraînant avec moi dans l'opprobre et l'affront
« Tous ceux qui m'ont aimée... et ceux qui m'aimeront.
« Les cadavres saignants sont encore à la porte...
« Comme mes amis morts faites que je sois morte.
« Je le sais... mon trépas ne saurait les guérir;
« Mais au moins verront-ils que j'ai voulu mourir
« Pour les suivre... pourtant, sire, ayez remembrance
« Que je suis femme, jeune et molle à la souffrance.
« Mon bon sire et seigneur, qu'on me fasse périr...
« Mais, au nom de l'Amour, sans me faire souffrir. »
Et la fille à genoux se traînait sur les dalles.

Alors lui, dégageant ses mains froides et pâles
Des bras nus de la belle, entre ses cheveux roux
L'implorant, prit un siège et dit : « Quelqu'un de vous
« Bourgeois, noble ou manant, assistait-il au crime?

« Qu'il avance hardiment et cite la victime,
« L'heure, le lieu, j'écoute, » et nul ne répondit ;
Et le vieillard pensait : « Peuple idiot et maudit,
« Dont la bestialité s'attendrit à la vue
« D'un escoffion de perle et d'une gorge nue ! »
Et par trois fois il fit trois appels différents
A la foule.

   Un vieux reître enfin sortit des rangs
Et s'avança, l'air gauche et la mine effarée,
« J'assistais de l'office à leur échauffourée,
« Monsieur le gouverneur... les brocs étaient vidés
« Et l'on allait partir... un maudit coup de dés,
« Qui devait décider de la nuit de la belle
« Et de qui resterait, amena la querelle,
« Car la fille est tournée à faire des jaloux.
« De propos en propos, comme on en vint aux coups,
« Monseigneur le conçoit... or, comme la bourelle
« S'épeurait, on sortit pour causer sans chandelle.
« Ils vinrent tous les dix au pied de l'escalier
« Et chargèrent... Mort Dieu!... quel cliquetis d'acier !
« J'en avais chaud au cœur... la fille à demi-morte
« Elle, clamait à l'aide, au meurtre, à moi, main-forte...
« Beaux cris... page et valets, léchant en haut les plats
« N'avaient cure en effet de courir au trépas !
« Et voilà... qu'aujourd'hui la pauvre enfant s'accuse,
« Je m'y perds, ses galants la tenaient fort recluse :
« Elle vivait à l'ombre et ne sortait qu'aux jours
« De fêtes... on la croit sujette au mal d'amours
« Ou du moins les bourgeois le disent par la ville.
« Pour moi, je la crois folle et de mœurs incivile,
« Mais incapable, hélas ! de chagriner autrui,
« Bien au contraire.,. enfin qu'on l'accuse aujourd'hui,

« Moi je l'ai toujours plainte et je la plains encore. »
Et la place éclata de rire autour de Lore ;
Le peuple applaudissait au récit du soldat.

Le sire entre ses dents grommela: « Renégat. »
Puis, se tournant enfin vers la femme accroupie
A ses pieds : « Tu l'entends, fille d'ignominie,
Cracha-t-il au visage effaré de l'enfant,
« Ce peuple idiot t'absout, retourne où l'on t'attend.
« Tes crimes ne sont pas de ceux qu'un honnête homme
« Peut juger ; hors d'ici, sorcière, c'est à Rome,
« Au fond des in-pace, sur un bûcher bénit
« Qu'il faut aller pieds nus purger ton cas maudit !
« Va-t-en, ne croupis pas plus longtemps sur ces dalles. »
Et, l'œil étincelant, il rentra dans les salles
Du Conseil, et l'enfant resta seule en dehors.

Alors, s'étant levée avec de longs efforts,
Les trabans dispersés, sans escorte, atterrée
Lore se trouva seule et la foule altérée
Faisait cercle autour d'elle... Alors l'enfant eut peur.
Les yeux fixes, sans voix, béante de stupeur
Elle écouta monter les cris et les blasphèmes,
Les menaces de mort et les mille anathèmes
Que clame autour des rois un peuple de bourreaux,
Et, saisie, entraînée à travers les carreaux
Des marchés en plein vent, des places et des rues,
Rapides visions dans un rêve apparues,
Comme un fétu de paille, emporté par les flots,
Elle ne prit haleine et n'ouvrit ses yeux clos
Que debout sous un porche obscur de cathédrale.

Là, dans un chœur immense, où traînait comme un râle
L'attristant et profond sanglot des orgues sourds,
Un homme était assis sous un dais de velours,
Un évêque ; à ses pieds des encensoirs d'ivoire
Voltigeaient en cadence et la nef était noire
De peuple... aux grilles d'or, où dorment les tombeaux,
Des femmes se pressaient dans l'ombre et cinq tréteaux
S'y dressaient, pleins de vague et de choses funèbres.
Alors s'étant penchée au milieu des ténèbres.
Au-dessus de la grille et des femmes en deuils,
Lore, blanche d'horreur, aperçut dix cercueils,
Ceux de ses dix amants pour elle occis la veille.
Alors, claquant des dents sous sa toison vermeille
Dénouée, au milieu des prêtres, de l'encens,
Lore, l'œil ébloui, Lore soûle de sangs
Vint avec un grand cri, qui fit trembler la vitre,
S'abattre aux pieds du prêtre interdit sous sa mitre :

« Seigneur, condamnez-moi, frappez-moi, j'ai péché !
« Le crime de ma vie à tous les yeux caché
« Eclate au jour, mon œuvre est criminelle, atroce.
« Tous vos fils ont saigné sous mon baiser féroce,
« Braves gens, j'ai comblé les bières que voici.
« Frappez-moi, mais de grâce emmenez-moi d'ici !
« J'étouffe... ces piliers drapés de noir, ces bières,
« Ces cierges flamboyants, ces femmes en prières
« M'épouvantent, j'ai peur... vos cantiques sacrés
« Me font mal : j'ouvre en vain mes bras désespérés
« Et veux prier encor ; mais non je suis sorcière.
« Je suis maudite, hélas !... le ciel et sa lumière
« M'exaspèrent et j'ai la même horreur de moi

« Que ce peuple affolé, qui me conduit vers toi.
« Evêque, écoute moi, sauve la race humaine !
« Frappe-moi, mais de grâce ordonne qu'on m'emmène.
« Le sang me monte aux yeux, j'ai honte de parler. »
Et l'évêque effrayé de l'entendre râler
A pas précipités descendit de son trône,
Penché sur ce beau corps et ces cheveux d'or jaune.

Les diacres autour d'eux, lâchant leur encensoir,
Sur les stalles du chœur étaient montés pour voir.
Et l'évêque alors dit : « C'est une visionnaire !
« A-t-elle des parents ? — Seigneur, elle est sans mère.
— Et sans frère ? — Elle est seule et vit à l'abandon
« C'est Lore ! » Et le prélat en entendant ce nom
Tressaillit, car jamais la blanche courtisane
N'avait frappé ses yeux.
                              « Qu'un autre te condamne
Dit-il, je ne saurai te faire mettre à mort.
« Va-t-en dans un couvent, rase ces cheveux d'or,
« Enfouis à tout jamais ce visage de neige
« Et l'éclat de ces yeux, où règne un sortilège,
« Car j'y sens malgré moi la douceur d'un baiser.
« C'est le seul châtiment que je puis t'imposer,
« Le silence et la nuit sur la beauté fameuse,
« L'oubli sur le scandale.» Et dans l'ombre fumeuse
Des cierges flamboyants autour du maître-autel,
L'évêque s'enfonça rêveur et solennel.

6

II

Au pied des vieux remparts vides de sentinelles,
Où flotte au vent des soirs l'or brun des ravenelles,
Quelle est donc cette femme au front humilié,
Qui rampe et se dérobe aux yeux ?
        Le cou plié,
Trois grands estaffiers roux, le dos rond sous leur pique,
La suivent en silence et font un groupe épique
Au pied de ces grands murs de cloître et de couvent,
Où les lierres en arbre ont seuls l'aspect vivant.
Le ciel frémit au loin de vagues sonneries
D'Angelus, et le long des murailles fleuries,
Les trois hommes muets se trainent accablés.
Parfois par une brèche on voit au loin des blés,
Des cultures en friche et le Rhin dans la plaine,
Et les hommes font halte et reprennent haleine,
Car la descente est raide et le pavé brûlant
Et le soleil d'août calcine et chauffe à blanc
La ruelle poudreuse au creux de la ravine.

La femme, elle, en silence et morne s'achemine.
Parfois son manteau s'ouvre et, comme un ruisseau clair,
On voit frémir sa robe à grands rinceaux d'or vert,
Sa robe d'azur pâle et ses cheveux d'aurore,
Et le cœur des bourreaux se serre ; car c'est Lore,
Lore la blonde fille au pur et doux regard,
Qui par l'âpre sentier, qui longe le rempart,
Descend sous bonne escorte au milieu des gens d'armes
Le chemin de l'exil.   Ses yeux n'ont plus de larmes,
Fixés droit devant elle et sur l'abîme ouvert.
Le monde inexorable aux innocents qu'il perd
La repousse et bannit : ni pardon ni justice.
Tous et le gouverneur et l'évêque complice,
Tous, jusqu'au cloître obscur qui s'ouvre à l'assassin
L'ont, comme un fruit pourri, jetée hors leur sein,
Et, le front écrasé sous son ignominie,
Lore qu'un prêtre épargne et qu'un peuple renie,
Sous le soleil de plomb descend, lasse de tout.

Le cœur plein de rancune ancienne et de dégoût,
Savez-vous où s'en va dans sa robe fleurie
Loreley ? — Dans l'enclos d'une léproserie ;
Et c'est là l'avenir atroce et douloureux
De cette enfant : vieillir au milieu des lépreux,
Panser des corps saignants et nettoyer des plaies.

Autour d'elle les nids gazouillent dans les haies
Et les coquelicots flamblent dans le blé mur ;
Car la ville est déjà loin derrière, son mur

D'enceinte au loin s'efface.... une brise plus forte
Emplit les champs d'avoine et la petite escorte,
Dont l'ombre noire au loin grandit sur un ciel d'or,
Voit déjà, comme un pâle et fabuleux décor,
La ville avec ses toits et ses clochers d'or grêles
Pareille à ces châteaux hérissés de tourelles,
Qu'au fond des vieux missels on voit peints sur vélin.

Le front pâle, arrêtée au tournant du chemin,
L'enfant alors fit halte... avec effroi, comme ivre,
Son regard embrassa sous le grand ciel de cuivre
La ville et ses clochers d'ardoise, ses remparts
Croulants ; soudain reprise aux souvenirs épars
De son enfance, au charme attendrissant des choses,
Le passé, ce poème inoublié des roses
Qu'on effeuille et des dieux à jamais envolés,
L'envahit et, debout dans le sentier des blés,
Lore revit au fond de ses rêves sans nombre
Le logis paternel, un vieux logis plein d'ombre,
Perdu dans un faubourg bruyant et populeux,
L'aïeul, un grand vieillard au front chauve et frileux,
Toujours blotti dans l'âtre entre les deux gorgones
Des chenets, puis la chambre aux vitraux hexagones,
Tout fleuris de lys pourpre, autant de feux vermeils,
Dont l'aube en se levant égayait ses réveils,
Le pot de basilic au coin de la fenêtre,
Puis le premier amant.... après le jeune reître,
Un capitaine et puis maint riche et beau seigneur !
Où gisaient maintenant les lys de son honneur !
Fille de tous maudite et par tous reniée !

Alors, tournant ses yeux ardents de suppliciée
Vers ses trois compagnons, las de tous ces retards,
Lore eut la force encor d'implorer ces soudards,
Et, calme, détachant de sa blanche poitrine
Ses lourds colliers d'or fin, dont un d'aigue-marine :
« Laissez-moi, leur dit-elle avec sa douce voix,
« Laissez-moi contempler une dernière fois
« Les murs de ma Cité, de ma chère patrie.
« Ces quelques joyaux d'or et cette orfèvrerie
« Vous dédommageront du retard apporté.
« C'est un dernier adieu, l'extrême volonté
« D'une exilée... Avant que le soleil décline,
« Je voudrais m'arrêter là-bas sur la colline
« Qui surplombe le fleuve et là dans mes regards
« Emporter avec moi le pays dont je pars,
« Mon enfance, ma vie... un caprice de folle,
« Qui, vous, vous fait sourire et dont l'âme frivole
« Des femmes se nourrit ou meurt ! le voulez-vous ? »
Et ses yeux en parlant étaient devenus doux,
Attirants et vainqueurs comme au temps où, maîtresse
Des ducs et des barons, elle versait l'ivresse
De sa beauté divine à l'empire ébloui,
Et les trois estaffiers lui répondirent : Oui.

Elle alors, sur la roche énorme étant montée,
Sourit à ses bourreaux et, de gloire exaltée,
Plus blanche qu'une perle à travers l'or vermeil
Du couchant, ses cheveux répandus au soleil :
« Puisqu'il n'est plus pour moi ni pardon ni justice,
« Je te quitte et t'absous, monde infâme et complice

« Et je m'en viens à toi, refuge souverain
« Des malheureux, dit-elle, à toi, vieux fleuve Rhin. »
Et, croisant sur son cœur ses bras nus de victime,
La belle se pencha rêveuse sur l'abîme
Et s'y laissa couler le front extasié.

Les trois estaffiers roux, eux, accroupis au pied
De la roche, estimaient les joyaux de la belle,
Et le fleuve emportait au loin la criminelle.

II

PARFUMS ANCIENS

LA COUPE D'OR

Vous souvient-il encor du roi de la ballade,
Lançant de sa main pâle au gouffre bleu d'azur
L'énigme de son âme et sa coupe d'or pur ?
La vague dit son chant sous le balcon de jade,

Le ciel du Nord frissonne et, comme un grain trop mûr,
Perle, tremble et s'égrène au creux d'une grenade,
La coupe d'or échappe aux doigts du roi malade,
Qui s'affaisse appuyant sa nuque au froid du mur.

Penché sur l'infini, blême et tremblant de fièvre,
Comme lui j'ai tenu le bonheur, et ma lèvre,
Comme la sienne ardente, en a pressé le bord.

L'amour chantait son ode et la mer son poème ;
Mais, sans en avoir bu l'oubli goutte suprême,
J'ai laissé dans les flots rouler la coupe d'or.

C'ÉTAIT UN SONGE

A MADAME JUDITH G....

C'était un songe d'or, quand au refrain des vagues,
Perdus dans un regard et du monde oubliés,
Nous laissions sur les flots ondoyer nos yeux vagues
Et marchions en rêvant l'un sur l'autre appuyés.

C'était un songe d'or ; les longs cheveux des algues,
Sur le sable pâli, déployaient à nos pieds
Leurs grands anneaux vivants et noirs, sinistres bagues
Que l'Océan enroule aux doigts de ses noyés,

C'était un songe d'or ; dans les gerbes d'écume
Le flot nous apportait jusqu'aux flocons de plume,
Jusqu'aux duvet neigeux du pâle goéland.

Mais, comme un alcyon aveuglé dans la brume,
Votre amour s'est perdu dans l'horizon qui fume
Et dans mon cœur sans rêve a laissé le néant.

QUAND J'ÉTAIS UN ENFANT

A MA MÈRE

Quand j'étais un enfant, quand à la vieille église
Au son de l'Angelus j'allais à travers blés,
Le ruisseau dans les jours, l'abeille dans la brise
Pour me parler tout bas avaient des mots ailés.

Dans les vitraux du chœur les saints à barbe grise
Semblaient joindre leurs mains sur mes cheveux bouclés,
Et le long des sentiers, où rougit la merise,
Les bleuets me suivaient de longs regards voilés.

Comme un brouillard léger que le jour évapore
Et distribue en pluie aux fleurs qu'il fait éclore,
Vous vous êtes fondus en déluge de pleurs

Rêves de mon passé, l'amour fut votre aurore
Et vous avez vécu dans l'espace sonore
Ce que vit la rosée au fond d'un lys en fleurs.

FLORENCE

A MADAME LA COMTESSE DE BONIS

I

Une étrange harmonie est dans ton nom sonore,
O Florence, on dirait, tant il est noble et doux,
Comme un bruit de chansons, de glaives et d'amphore
De l'ancienne Italie apporté jusqu'à nous.

Où sont tes écoliers, tes joueurs de mandore,
Tes podestats hautains, tes poètes, tes fous,
Tes femmes au front ceint d'une immortelle aurore
Dont on baisait la robe et la trace à genoux?

Où le siècle enivrant de gloire et de folie,
Où ton caprice était la loi de l'Italie,
Où ta main à Saint-Pierre envoyait Léon Dix,

Et groupait sous les yeux de Rome triomphante
Pétrarque, Guichardin, Michel-Ange et le Dante,
Debout sur les degrés du palais Médicis.

FLORENCE

A MADAME LA COMTESSE DE BONIS

II

Tout est mort, tes palais aux frêles campaniles,
Que l'abandon emplit de son rêve argenté,
Se taisent aujourd'hui tristement immobiles
Sous l'azur étouffant des longues nuit d'été.

Et si jamais le Dante, auprès du grand Virgile,
Revenait à minuit, au faubourg écarté,
Parcourir à pas lents et visiter sa ville,
Son grand cœur florentin en serait attristé.

Seul au bord de l'Arno, suivant au clair de lune
Les grands escaliers blancs qu'assombrit la nuit brune,
Il irait frapper droit au palais de Bonis ;

Et vous voyant absente au fond du foyer vide,
Il dirait, inclinant son beau front vers son guide :
« Ils m'ont changé Florence et pris ma Béatrix ! »

APOLLONIE

A MADAME LA MARQUISE D'HÉRICOURT

Salut au rythme d'or, salut au rythme antique,
Salut, Apollonie, à ton beau nom païen,
Parfumé d'ambroisie et de laurier tragique
Comme un vers d'Euripide aux lèvres d'un Lydien.

Telle une fleur d'acanthe au fronton d'un portique,
Profilant sa blancheur sur l'azur athénien,
Tu fleuris en chantant le ciel bleu de l'Attique,
Où tu mets un parfum de poème olympien.

Salut au talent grec, salut à vous, marquise,
Vous dont les cheveux d'or sont ornés de cythise,
O vous dont les accents, ainsi qu'un long baiser

Qui planerait, immense et doux, de Sparte à Thèbes,
Font après trois mille ans frissonner les éphèbes
Dans leurs tombeaux de marbre, où l'oubli s'est posé.

LE DROIT DU SEIGNEUR

A MON AMI ROBERT DUGLÉ

Le seigneur est beau brun, jeune et d'humeur galante ;
La mariée a vingt ans, sa robe est très collante,
Son juste très étroit et son voile de lin
Est en points d'Alençon, au reste le hennin
Très haut, à coins d'argent selon l'us et coutume,
L'aumônière en drap blanc, comme tout le costume,
Parfilée en or mat.... minois à l'avenant,
Petit air chaste et doux, cheveux d'or frissonnant
Sur la tempe en bandeaux, main blanche et délicate,

Grand œil bleu, sein de neige et sourire écarlate,
Le tout rose et friand, un vrai morceau de roi.
Aussi le brun seigneur a l'air tendre, ma foi.
Il a déjà surpris les deux mains sous leur manche,
Et l'une sous son bras, l'autre dans sa main blanche,
Il se penche, sourit et lui parle tout bas.
Guillemette... après tout... ne refuserait pas...
Mais devant tous ces gens... oh fi, monsieur le comte!
Tout le village est là qui contemple sa honte...
Pas aujourd'hui... plus tard. Aux rampes d'escaliers
Ce ne sont que varlets, brabançons, écuyers,
Beaux pages emportant sur le plat d'or qui fume
Gelinotte et faisan empanachés de plume,
Gros reîtres attablés, buvant la dague au poing,
Débraillés, la chemise émergeant du pourpoint;
Et puis, sur les fossés, le peuple, la canaille.
Tout cela mange, boit, se vautre et fait ripaille,
Lançant propos grivois, lazzis et quolibets
D'un équivoque... et dame au milieu des valets
Guillemette ma mie entend dire des choses....
Le creux de son corsage est plein de frissons roses.
C'est très mal... on a beau, sire, être un grand seigneur,
L'honneur d'une vilaine est toujours son honneur,
Que diable... elle en veut gros au comte et le repousse,
Mais comment repousser une barbe si douce,
Si soyeuse et deux mains plus blanches que le lait,
Quand le mari qu'on a se trouve noir et laid,
Et que les blanches mains ont les doigts pleins de bagues.
Rouge elle sent déjà nager ses yeux plus vagues.
A chaque pas, son front semble pencher plus lourd.
Le comte a des regards de flamme et de velour
En lui parlant tout bas et dans l'ombre des porches

Le beau couple s'enfonce à la clarté des torches,
Et bonsoir au mari.
                              La porte du manoir
Se referme sans bruit et dans l'air bleu du soir,
Entrevus au reflet tremblant des hallebardes,
D'un côté le mari tout pâle, entre les gardes,
Tournant entre ses doigts son feutre enrubanné,
Et de l'autre, debout près du mari berné,
Un grand flandrin de moine à l'étroit scapulaire
Qui, le doigt vers le ciel, grave, tragique, austère
L'invite à se soumettre aux volontés du lieu,
Le corps étant de droit au prince, et l'âme à Dieu.

SUNT LACRYMÆ RERUM

Il est des larmes dans les choses,
Que les jardins anglais éternellement verts
Aient le rire éclatant des glaïeuls et des roses
Bâillant, pistil au vent, calices entr'ouverts !

Les vieux jardins Louis-Quinze avec leurs grilles closes,
Leurs vieux bancs effondrés et leur vivier désert,
Réfléchissant l'ennui des quinconces moroses,
Les vieux jardins Louis-Quinze ont leur charme l'hiver.

Un parfum suranné de poudre maréchale
Flotte, invisible et doux, sous leur ombrage fier.
La nuit, cette rêveuse, y met sa larme pâle
Et le siècle défunt son éventail ouvert.

LE GRAND CHEMIN

A MA MÈRE

Matin et soir à ma fenêtre,
Assis, le menton dans la main,
Je vois tourner et disparaître
Au flanc des monts un grand chemin.

Sous le ciel de brume ou de braise,
Où le couchant met sa rougeur,
Il monte et longe la falaise,
Suivi par mon regard songeur.

Comme un vieux ruban qu'on déroule
Il serpente et fuit. Où va-t-il ?
Loin des méchants, loin de la foule,
Est-ce au bonheur, est-ce à l'exil ?

Sa pente m'invite au voyage,
M'annonçant de meilleurs destins.
La route est la sœur du nuage,
Tous deux vont aux pays lointains.

Là bas c'est l'amour et les roses,
Le ciel plus bleu, les lys en fleurs,
Le ciel qu'aux jours d'ennui moroses
Rêvent tes yeux noyés de pleurs.

Ici qui t'aime ! hélas, personne.
Tous les tiens te sont étrangers
Et la voix de Mignon frissonne
Dans le parfum des orangers.

Mais, engourdi par le bien-être,
On dit : « Pas aujourd'hui.... demain ! »
Et l'on demeure à la fenêtre,
Assis devant le grand chemin.

Puis un jour la voix est plus forte,
Vite on part et les yeux navrés
On s'arrête au seuil de là porte
Falaise et monts sont effondrés.

Le vieux chemin de la colline
S'est écroulé dans le brouillard.
Nos rêves sont une ruine
Et pour partir il est trop tard.

Fécamp, 5 Février 1882.

L'OUBLI

A MADAME HEUZÉ

L'oubli, cette pitié de l'heure
Passe en vain sur nos maux anciens.
Leur amertume en nous demeure,
Ne nous laissant plus croire aux biens.

Comme une âcre et mordante essence,
Le souvenir cruel, fatal,
S'incruste, invisible puissance,
Au cœur usé jusqu'au métal.

Que peut l'oubli, ce flot d'eaux claires,
Sur le pauvre vase outragé,
Gardant dans ses parois amères
Le sel des pleurs qui l'ont rongé !

Nous avons tous dans la mémoire
Un rêve ingrat et cher, un seul,
Rêve défunt, amour ou gloire,
Espoir tombé dans un linceul.

Nul autour de noūs ne s'en doute,
On le croit mort, le pauvre ami ;
Seul au guet notre cœur l'écoute,
Le cher ingrat n'est qu'endormi.

Nous sommes là, l'âme effrayée,
Frissonnant s'il a frissonné ;
Et nous lui faisons la veillée,
Dans une tombe emprisonné.

      Fécamp, 4 Février 1882.

L'HORIZON

Là-bas à l'horizon, baigné d'ambre et de hâle,
Pourquoi ce jour d'aurore et ces brumes d'iris?
Embruns mystérieux d'une grève idéale,
Où dans un cycle d'or voltigent les esprits !

Sur notre grève à nous pourquoi ce jour plus pâle
Ce bruit de mer plus sourd et ces flots assombris !
Est-ce un dernier reflet d'une rive natale !
Serait-ce ici l'exil et serions-nous proscrits ?

Alors pourquoi ces cris, pourquoi ces clameurs vaines,
Nous appelant au loin comme des voix humaines !
Serions-nous amoureux du vide et du néant ?

Horizon, horizon, songe bleu de la grève,
Tes voix sont nos douleurs, tes reflets notre rêve
Et notre âme infinie est sœur de l'Océan.

CHANT D'HAROLD

AU POÈTE ALFRED TENNYSON

I

Oui, c'est là-bas qu'elle est dans l'horizon qui fume,
La fille du vieux roi des sombres mers du Nord,
Dans l'île aux flots trempés d'outremer et de brume,
Où les cygnes marins vont perdre leur essor.

C'est là qu'ils vont, lissant la neige de leur plume,
Semer de givre blanc le sable uni du bord,
Là que l'aube vermeille et les vagues d''écume
Lui font de leurs baisers une tunique d'or !

L'aurore la réveille et la lune la baigne,
L'algue verte l'essuie et sous l'or de son peigne
Le vent tresse en bandeaux ses cheveux couleur miel.

Elle chante debout aux clartés des étoiles,
Les bras nus sur sa harpe, et rit aux blanches voiles
Des pirates normands, qui glissent sous le ciel.

CHANT D'HAROLD

II

Un beau jour d'ouragan, où l'aile des tempêtes
Dans des vagues de lait noiera les fiers récifs
Et fera tournoyer des lambeaux de mouettes
Sanglantes dans l'écume avec des cris plaintifs,

Où les chevaux marins sous le vent qui les fouette
Le poitrail ruisselant, se cabreront rétifs,
Nu, sauvage, au premier qui dressera la tête,
Je bondis et m'accroche à ses crins convulsifs.

Là de ma lance d'or, ô farouche hippocampe,
Au creux de ton flanc nu j'enfoncerai la hampe,
Moi l'archange exilé, fils des gouffres amers.

Et nous irons tous deux, monture échevelée,
Ivres de désespoir, de rage et d'eau salée,
Toi vaincu, moi vainqueur, à la fille des mers.

HAROLD

Ses durs genoux vissés à la croupe d'écailles
Du monstre qui se cabre, armé, casqué d'or clair,
Ainsi passe en chantant dans le vent des batailles
Harold aux blonds cheveux, vainqueur du gouffre amer.

L'hippocampe est vaincue, un rouge flot d'entrailles
Pend en sanglot de pourpre à ses flancs entr'ouverts,
Et, sonnant dans son cor l'hymne des fiançailles,
Harold aborde en maître au bleu palais des mers.

Rose et le pied posé sur le monstre qui bave,
Comme un grand lys noyé qu'un ruisseau d'azur lave,
Elle est nue et sourit, le ciel est boréal.

Mais la vague a déjà refermé sa volute
Engloutissant le rêve, inéluctable lutte
Du réel submergeant dans ses flots l'idéal.

LE GOUFFRE

I

Poèmes inconnus, légendes des vieux mondes
A jamais écroulés dans l'oubli des flots verts,
Perles que l'Océan mêle à ses grandes ondes,
Rêves mouvants du gouffre, antiques voix des mers,

Comme un bruyant essaim de nymphes à l'œil clair,
Tout cela chante en vous, vagues des grèves blondes,
Et le lugubre écho des falaises profondes
Des siècles engloutis est le sanglot amer.

Le gouffre a son histoire et ses rois, la couronne
Des princes de Thulé, que l'eau claire environne,
Resplendit dans son ombre et sous le goëmon.

Le palais du roi d'Ys, aujourd'hui plein de vagues,
Transparaît dans un songe aux yeux des cueilleurs d'algues
A côté du magique anneau de Salomon.

LE GOUFFRE

A   JEAN   RICHEPIN

II

Fille de l'infini comme le gouffre sombre,
L'âme aimante et divine aux regards étoilés
Cache aussi dans son sein des vastes replis d'ombre,
Où dorment à jamais des mondes écroulés.

De vains espoirs déçus et des rêves sans nombre
Y flottent, dans la vase éternelle, roulés
Morts, à peine trahis dans la verte pénombre
Par un vague reflet plus clair aux yeux troublés.

Mais qu'un rayon y tombe, et dans les transparences
Le gouffre avec ses maux et ses vieilles souffrances
S'allume à la lumière et montre son trésor.

Ainsi plus d'un qui raille, et dont le front dédaigne,
Sent poindre sourdement sous son côté qui saigne
Un cœur encor vibrant que tous avaient cru mort.

I

Pourquoi nous obstiner, ma chère,
A vouloir dans un vain effort
Rallumer la flamme éphémère
Au foyer désormais bien mort ?

Quand la source claire est tarie,
Les pleurs de nos yeux arrachés
Feront-ils, ô ma douce amie,
Refleurir les roseaux séchés ?

Vous m'avez pris saignant encore,
Le cœur meurtri d'un autre amour.
Vous avez cru voir une aurore
Dans l'adieu d'un dernier beau jour.

Votre erreur, enfant, m'était chère,
Ce rêve avait tant de douceur,
Vous aviez les soins d'une mère
Et la réserve d'une sœur.

Et je jouissais en égoïste
De votre touchant abandon,
Lisant dans votre regard triste
L'espoir assuré du pardon.

Ce n'était pas coquetterie,
Je vous jure, ni trahison,
Mais ma pauvre âme était meurtrie,
Et vous étiez la guérison.

Sur la place encor mal fermée,
Au moindre coup prête à s'ouvrir,
J'aimais sentir l'ombre embaumée
De vos mains fondre et s'attendrir.

Je le sais, j'aurai dû vous dire :
Non, je n'aime pas ! mais comment ?
Comment repousser le sourire
Comment chasser le dévoûment ?

Je sais, je fus un misérable,
J'ai mis mon front sur vos genoux
Et ce que j'implorais de vous
N'était pas l'amour adorable.

Je fus le chien indifférent
Qui rôde, affamé de caresse,
Appitoyant sur sa détresse,
Le long des grands chemins errant.

Je n'eus point la reconnaissance
Mais j'aurai la sincérité
Car je vous livre la vengeance,
Le mépris de ma lâcheté.

CAPRICE

A SULLY-PRUDHOMME

II

Que ne vous ai-je rencontrée,
Ma chère âme, une année avant !
Je vous eus sans doute adorée,
Vous que j'ai subie en rêvant.

Mais m'eussiez-vous aimé de même
Si moi j'avais eu cette ardeur !
Non pas .... nous fuyons qui nous aime.
Le charme était dans ma froideur.

A vos yeux l'ennui, cendre fine
De mon cœur à jamais désert,
Avait la candeur de l'hermine,
L'éclat neigeux d'un jour d'hiver.

O l'insulte froide, hautaine,
De la neige qui ne fond pas,
Celle de la cîme lointaine
Restée inconnue à nos pas !

O le défit du flacon vide,
Dont le parfum pur et discret
Ne laisse à notre lèvre avide
Que désespoir et vain regret !

O le divin et l'impossible,
Voilà notre mal éternel.
Le but est plus loin que la cible,
Le rêve au delà du réel.

LE RENDEZ-VOUS

III

A SULLY-PRUDHOMME

Vous souvient-il encor, madame,
Du dernier jour de nos adieux
Sur la grève noire et sans âme,
Où nous étions venus tous deux.

C'était aux premiers jours d'octobre,
La mer d'un bleu vif et très cru,
Barrait au loin d'un grand trait sobre
La falaise et le roc abrupt.

Assis au pied de la falaise,
Nous songions aux mois révolus,
Avec l'indicible malaise
De ceux qui ne se verront plus.

L'épreuve était définitive,
Vos maux n'étaient que trop réels,
Mon ombre n'était qu'attentive,
Mes soins n'étaient que fraternels.

Et vous étiez pourtant, charmante,
S'il m'en souvient bien ce jour là.
Serrant les plis de votre mante
Sur vos yeux cernés un peu las.

Vous aviez l'air dans les malines
De votre fraise, aux grands plis droits,
Sur vos pendants de perles fines,
D'un mignon du temps des Valois.

Je vous observais en silence
Mais, hélas ! votre air, votre voix,
Evoquaient une ressemblance :
La femme adorée autrefois !

Comme vous sur la grève assie
Je la voyais ; dans vos yeux bleus
Revivait l'ironie exquise
De ses regards cherchant mes yeux,

Ses regards pleins de moqueries,
Dont l'éclair raillait mes amours,
Tout jusqu'aux fauves griseries
De ses noirs cheveux drus et lourds,

Tout revécut dans ma mémoire,
Et l'émoi des premiers aveux
Sous sa prunelle humide et noire
Et son rire étrange et nerveux.

Et puis je la revis hautaine
Dans son duc au retour du bois,
L'œil étonné, daignant à peine
Me reconnaître après un mois.

Les froids dédains, la voix polie
Des laquais gourmés et moqueurs,
Répondant : « Madame est sortie, »
Les longs mépris et leurs rancœurs,

Le fiel amer des avanies,
Tout me monta soudain au front,
Lâche, abreuvé d'ignominies
Je me revis, lassé d'affront,

Comme un homme ivre dans la rue,
Trébuchant sous le poids cuisant
De ma douleur encore accrue
Par l'œil étonné du passant ;

Et, le cœur gonflé de colère,
Sentant ma blessure s'ouvrir,
Je vous maudis, vous, l'étrangère
Et voulus vous faire souffrir.

L'instint vous avertit sans doute
Car vous levant, d'un ton distrait :
« Si nous reprenions notre route? »
Et je vous suivis à regret ;

Et nous revînmes par la grève,
Suivant d'un regard anxieux,
Chacun le vol de notre rêve
Enfui dans l'horizon pluvieux.

Moi, contemplant d'un œil atone
La débacle du rocher noir
Fuyant sous le ciel gris d'automne,
Comme un vague et long désespoir ;

Et vous plus calme, mais plus triste,
Déplorant le précoce hiver
De mon pauvre cœur d'égoïste
Eteint sans même avoir souffert.

9

LE GYNÉCÉE

Au fond d'un grand fauteuil de brocart à blason,
Rose comme une fille, un tout jeune garçon ;
Derrière, les bras nus surchargés d'anneaux rares
Et trainant des rubis sur de longues simarres,
Deux femmes ; tout autour une salle en bois noir
Très haute, un grand parquet luisant comme un miroir,
Des saints de bois sculpté, des armes, une orgie
De soie et de couleurs, au fond, vaste incendie,
Un vitrail où l'on voit des nains sonnant du cor.

L'enfant est délicat avec des cheveux d'or.
Mince il rappelle un peu dans sa pose et sa grâce
Les souples mouvements d'un lévrier de race,
Au reste plein d'un mièvre et touchant abandon.
Il est à demi-nu, ses grands cheveux d'or blond
Sont nattés et poudrés, le col de sa chemise
Entr'ouvert, et devant un miroir de Vénise
Les deux femmes debout le parent en riant.
Rien qu'à voir leur sourire et leur regard brillant,
Leurs gestes inquiets pleins de pudeurs craintives,
On devine, on comprend que ces femmes pensives
Au front pâle, aux grands yeux de flamme et de velours,
Et dont les noirs cheveux semblent peser trop lourds.
Se traînent de désir et de rêve épuisées
Dans le palais claustral, que l'air des gynécées
Les tue, et qu'un désir hystérique et prévu,
Leur fait déshabiller cet enfant demi-nu.
Ces femmes ont pourtant pour gardien un vieux prêtre
Et pour geôle un palais, où le roi seul pénètre ;
Et des travaux d'aiguille occupent leur longs doigts,
Mais leurs rêves sont pleins d'amours et de tournois.

Oh ! les soucis cuisants et les heures d'angoisse !
Les soirs, le front courbé sur le métier qu'on froisse ;
L'ardeur des nuits d'été, l'ennui des jours d'hiver :
Mais de quels cris s'emplit le vieux palais désert ?
Quand, escorté du docte et révérend Pacôme,
Iehan, leur beau cousin, seigneur d'Este et de Côme,
Deux fois tous les trois mois arrête son cheval
Sous le balcon doré du vieux palais ducal.

Or, ce jeune garçon trop joli pour un homme,
Et qu'on habille en fille, est notre gentilhomme.
Il est là depuis l'aube, on vous laisse à penser
Ce qu'on a déjà pris d'acompte et de baiser,
Doux jeux, menus propos, galantes mignardises,
Sans parler des drageoirs chargés de friandises
Et des missels d'or peints ouverts et feuilletés,
Hochets aussitôt pris, aussitôt rejetés.
On a dansé, chanté sirventes et ballade,
Taquiné le vieux chien qui s'est enfui, maussade,
Dans un coin de la salle et dort sur un cousin.
Enfin, pour divertir le bien-aimé cousin,
Les deux femmes, prennant leur dés et leur aiguille,
N'ont trouvé rien de mieux que de le mettre en fille..
Lui rougissait d'abord, l'enfant, et n'osait pas...
Mais on eut bientôt fait de lui baiser les bras
Et de le décider... étrange fantaisie,
On l'a tout affublé d'étoffe cramoisie.
C'est merveilleux de voir ce frêle petit corps
Noyé dans le brocart... le front tout poudré d'ors,
Sa tête émerge droite entre les valenciennes.
On dirait un portrait des écoles anciennes
Tout raide peint sur cuivre... et de là mille cris.
C'est un baiser rendu, c'est un regard surpris ;
Puis les débats sans fin d'Isaurette et de Paule
Au sujet de Iehan ; l'une admire l'épaule,
L'autre baise le bras et puis, autre souci,
Le nom à lui donner... est-ce Odette ou Nancy ?
Isaure est pour Nancy, Paule en tient pour Odette.
C'est un galant tournois, où chacune s'entête
A soutenir son droit avant qu'un nouveau rien
Ne vienne tout changer en changeant l'entretien.

Un bracelet qui tombe, un flot de perles fines
Qui s'égrène et, riant aux pieds de ses cousines,
En féal chevalier qui sait ce qu'il leur doit,
Iehan qui les ramasse et leur baise le doigt.
C'est charmant, on dirait un nid de tourterelles.
D'instinct on se retourne et l'on cherche leur ailes.
Les rayons du couchant, frappant sur le vitrail,
Donnent à leurs teints mats des tons roses d'émail,
Et chacun, à les voir légères, haut coiffées
Rire dans ce reflet, les prendrait pour deux fées.
Baignant pour le sabbat dans un rayon vermeil
Quelque lutin captif aux cheveux de soleil.

C'est charmant, cependant le jour va disparaître.
A travers les vitraux de la haute fenêtre
Pise s'estompe en noir sur un ciel d'or bruni.
Toute pâle accoudée au balcon de granit
Mahaut, leur sœur aînée et des trois la plus belle,
Rêve les yeux perdus dans l'espace ; auprès d'elle
Un prêtre, beau parleur et discret confident,
La regarde fixer au ciel un œil ardent ;
Et dans le même instant, comme un point dans les nues,
Bien au-dessus des toits passe un troupeau de grues.

A MADAME LACROIX

La ceinture d'or mat aux seins nus, la tunique
Enroulée à la hanche et moulant à pli droit
La grâce et la rondeur de votre buste antique,
Vous étiez divine, et pleins d'un vague effroi

Mes regards, s'égarant de votre bras rythmique
A votre pied chaussé de cothurnes étroits,
Vous plaçaient en déesse au fronton d'un portique,
Erigone à la coupe ou Diane au carquois.

O vous, toute pareille aux blanches canéphores,
Qui dans les bas-reliefs vont portant des amphores
De marbre rose, ayant pour anses des bras blancs,

Qu'étiez-vous autrefois ? immortelle ou bacchante ?
Le front ceint de rayons ou de feuilles d'acanthe,
Fille des bois sacrés ou des temples croulants ?

ANDRÉA FOSCARI

A ARMAND SILVESTRE

Andréa Foscari, mignon du cardinal
De Raguse, a la lèvre enfantine et fleurie.
Sa dague est un bijou de fine orfèvrerie
Et ses doigts effilés sont chargés de métal.

On a ferré d'argent les pieds de son cheval,
Et sur son lourd manteau semé de pierreries,
Un fleuve somptueux de larges broderies
Fait un fond de fleurs d'or à son blason ducal.

Couché sous un vitrail de couleur aux feux vagues,
Il promène en riant ses doigts pesants de bagues
Sur les lèvres du prêtre, et puis du ton câlin

D'un enfant qui demande une arme, un joyau rare,
Il réclame, il exige, étant bon gibelin,
La mort du roi de Parme et du duc de Ferrare.

RENAISSANCE

A ARMAND SILVESTRE

Salut ô Renaissance, ô forêt enchantée,
Où, debout dans la source, aux sons lointains du cor
Diane de Poitiers dans les joncs arrêtée
Mire sa nudité blonde et nous charme encor.

Aux cornes d'or des cerfs assouplissant son corps,
La charmeresse rit et sa jambe argentée,
Comme un fuseau de nacre, éblouit leurs yeux morts.
Salut, verte forêt, des naïades hantée !

Les sveltes lévriers lèchent ses pieds d'ivoire,
Ses pieds nus modelés sous les doigts fins d'Eros
Et, comme un lys d'avril entre les joncs éclos,

Des défuntes amours éveille la mémoire,
Ses épaules de neige évoquent dans leur gloire
La vision des Louvre et des Fontainebleaux.

A UN MAITRE

I

Maître puissant et doux, qu'un laurier vert décore,
Et qui marches portant une gerbe de lys
Merveilleux, lys de gloire au cœur rempli d'aurore,
Que tes mains dans le drame et le rêve ont cueillis.

La Foi, cette proscrite, en toi sourit encore
Et l'Amour, ce damné, baise tes pieds meurtris;
Car deux noms immortels, que l'univers adore
Vibrent baignés de pleurs dans tes chants attendris.

O Faust, ô Roméo, balcon de Juliette,
Jardin de Marguerite irradié d'amour,
Longs adieux dans Vérone au chant de l'alouette,

O tombe nuptiale, ô penseur, ô poète,
Sois béni, car ces lys fermés sous la tempête,
Toi seul en les touchant les fit éclore au jour.

A UN MAITRE

II

Aussi nous irons tous portant de larges palmes,
Tant que le ciel des arts sur nos fronts entr'ouvert
Brillera dans un songe au-dessus des cieux calmes
Nous et l'enfant demain, comme l'aïeul hier.

Nous irons sur tes pas, douloureux troupeau d'âmes,
Ravis, de leur souffrance heureux d'avoir souffert,
Leur dresser un tombeau de marbre au bord des lames
Sous un ciel d'Italie en face de la mer...

Sous des fleurs de lilas neigeant dans un ciel rose
Des palmes, l'infini... voilà l'apothéose
Où tu souris, chanteur ému des temps anciens,

Et, pensif aux doux sons des luths et des violes,
Un cortège éclatant d'archanges en étoles
Te suit dans l'or en feu des ciels vénitiens !

LES CYGNES

A UNE MORTE

Il est dans Tennyson un chant plein d'amertume
Où, parmi les récifs au pied d'un vieux manoir,
Un vieux roi presqu'aveugle à la barbe d'écume,
Seul en face des flots, vient au couchant s'asseoir

Et là, les yeux fixés dans l'horizon qui fume,
Son regard attristé suit, pris d'un vague espoir,
Un grand vol éclatant de cygnes dans la brume,
Fugitive blancheur apparue au ciel noir.

Le sillon lumineux des cygnes sur la grève,
C'est ton image encor vivante dans mon rêve,
Souriante au milieu des bonheurs entrevus.

Tu renais et voilà que le présent s'efface
Et dans les cieux plus clairs le divin essaim passe,
L'essaim des heures d'or et des songes perdus.

III

LE SANG DES DIEUX

*

LES EPHÈBES

LA PRINCESSE AUDOVÈRE

ENNOÏA

FUGIT AMOR

LES DIEUX

LES ÉPHÈBES

A GUSTAVE FLAUBERT

Des siècles morts parfums étranges,
Des êtres sans sexe et sans noms,
Nus et pareils à des archanges,
Dansent autour des Panthéons.

Pétris de splendeur et de fange,
Leur bouche, où tremblent des poisons,
De nos dédains rit et se venge
Avec des rires de démons.

Au frontispice des portiques
J'ai pris leurs profils impudiques
Et, couronnant de nénuphars

Leur beau front stupide et tragique,
J'ai sculpté dans un rythme antique
Leurs torses polis par les fards.

GANYMÈDE

Debout dans la splendeur des choses éternelles,
Le jeune Ganymède auprès de Jupiter
Préside, grave et doux, aux amours criminelles.
Leur mortelle ambroisie a pénétré sa chair,

Et sous ses noirs cheveux, pareils aux flots amers,
Son front étroit et bas et sa large prunelle
Ont la stupidité rêveuse et solennelle,
Propre aux êtres passifs aimés des dieux pervers.

Complice involontaire et résigné du crime,
Ganymède sourit aux monstres de l'abîme
De son beau rire bête, insolent et païen ;

Puis, grave avec lenteur inclinant son amphore,
Il verse le nectar dans la coupe sonore
Et l'offre toute rouge au César Olympien.

ALEXIS

Seul au fond d'un bois sombre aux croulantes ramures
Alexis, le beau pâtre aux fils des dieux pareil,
De la forêt bruyante écoute les murmures
Et sa flûte à sept trous, sous son pouce vermeil,

Les traduit aux échos en notes graves, pures.
Depuis seize ans qu'il court les grands bois au réveil,
Sa bouche épaisse a pris l'âpre saveur des mûres
Et ses lourds cheveux roux, l'or vivant du soleil.

Quoique mâle et robuste, il a la lèvre imberbe
Et le faune amoureux craint son regard superbe
S'indignant au contact des regards étrangers ;

Car Alexis est chaste en dépit des bergers,
Et, malgré leurs présents de fruits et de feuillage,
Garde encor son parfum de fleur vierge et sauvage.

NARCISSE

Auprès d'un clair ruisseau tout fleuri d'asphodèles,
Narcisse, le beau pâtre au front ceint de pavots,
Dont le nom fait rêver les jeunes immortelles,
Narcisse est là, couché, sans force et les yeux clos.

Son front blême et trop lourd pour son épaule grêle
Penche dans l'herbe haute et baigne dans les flots.
Un désir vide et fou brûle dans sa prunelle
Et sa lèvre béante épuise des sang'ots.

« Je t'aime et tu me fuis… je t'aime, ô viens, Narcisse. »
Il dit. Une sueur inonde son front lisse,
Tout son beau corps s'allonge au travers des ruisseaux,

Sa chair vibre… et le front sous les larges calices
Des iris d'eau, l'œil vague, épuisé de délices,
L'éphèbe inassouvi meurt au pied des roseaux.

HYLAS

Une amphore appuyée à son épaule ronde,
Hylas, calme et superbe au fond du bois obscur,
Incline en souriant son profil grave et pur
Sur les joncs de la source et puise au fil de l'onde.

Sous ses sourcils profonds nagent deux yeux d'azur
Et, sous les chauds rayons du couchant qui l'inonde,
L'aspect froid et neigeux de sa nudité blonde
S'anime et prend des tons savoureux de fruit mûr.

Sa toison d'or s'allume aux feux du crépuscule
Et ses bras nus, polis par les baisers d'Hercule,
Luisent comme deux lys au milieu des roseaux.

Lui rêve et, sans songer que l'eau de source est fée,
Il est ravi d'entendre une voix étouffée
Lui rire et l'appeler dans la clarté des eaux.

IACCHUS

Iacchus, dieu de l'ivresse éclatante et dorée,
A la lèvre ironique et le nez droit et court.
Les raisins blancs trop mûrs il a la peau nacrée
Et sa paupière est brune et son regard est lourd.

Sur un char attelé de panthères tigrées
Le jeune Iacchus triomphe au fond des grands bois sourds
Sa nudité se plaît dans les gorges sacrées,
Où l'hyène en chaleur rôde à pas de velours.

Iacchus a des troupeaux de courtisanes nues,
Qui dansent la phyrrique au-devant de ses chars.
Iacchus a des troupeaux de fauves léopards,

Qui vont, râlant de rage et d'amour sous les nues ;
Car Iacchus, dieu propice aux amours méconnues.
Rit à tous les instincts dans la nature épars.

BATHYLLE

Au fond d'un bouge obscur, où boivent des marins,
Bathylle, le beau Thrace aux bras sveltes et pâles,
Danse au bruit de la flûte et des gais tambourins.
Ses pieds fins et nerveux font claquer sur les dalles

Leurs talons teints de pourpre, où sonnent des crotales
Et, tandis qu'il effeuille en fuyant brins à brins
Des roses, comme un lys entr'ouvrant ses pétales,
Sa tunique s'écarte aux rondeurs de ses reins.

Sa tunique s'écarte et la blancheur sereine
De son ventre apparaît sous sa toison d'ébène.
Bathylle alors s'arrête et, d'un œil inhumain

Fixant les matelots rouges de convoitise,
Il partage à chacun son bouquet de cythise
Et tend à leurs baisers la paume de sa main.

ATHYS

Athys, rêveur et las sous sa tunique peinte
D'astres d'or, erre auprès des larges nénuphars.
Il a fui de son temple et ses pas aux hasards
Vont froissant aux roseaux sa robe d'hyacinthe.

Ses cheveux noirs et gras sont nattés avec art,
Des serpents familiers de leur humide étreinte
Caressent ses bras nus lavés de térébinthe
Et son torse olivâtre est bruni par le fard.

Debout devant la source, il ouvre sa tunique,
S'embrasse du regard et d'un geste cynique
Insultant, plein d'horreur, à sa virilité :

« Que n'ai-je tes blancheurs de neige et de troënes,
« O femme, et tes seins ronds, comme deux coupes pleines,
« Au lieu de cette infâme et plate nudité ! »

PATROCLE

Sous la tente d'Achille au milieu des armures
Le beau Patrocle, orgueil jadis des prés fleuris
De Thrace, où bondissaient ses splendides chaussures
D'hyacinthe, à clous d'or étoilés de rubis,

Le beau Patrocle est là, blême et les yeux meurtris.
Achille a dénoué sa blonde chevelure
Et, pressant dans ses mains ses pieds endoloris,
Il en baise en pleurant la noire flétrissure :

« Je ne verrai donc plus courir tes pieds d'ivoire,
« Tes bras nus m'enlacer ni tes beaux yeux s'ouvrir,
« Tes yeux de violette où l'ombre était plus noire. »

Il dit et, plein de rage au cruel souvenir
Du temps, où côte à côte ils forçaient la Victoire,
Sur l'adoré cadavre il s'étend pour mourir.

ANTINOÜS

Les flots glacés du Nil ont gardé ta mémoire,
Ephèbe, et sous ton front ombragé de lotus
Ton corps, pétri de fange et d'immortelle gloire,
Fait rêver dans la nuit tes frères inconnus.

Rome a durant vingt ans adoré tes pieds nus,
Les larmes des Césars en ont poli l'ivoire
Et, debout sur le seuil des siècles méconnus,
Tu souris à travers les mépris de l'histoire.

Tes beaux pieds transparents surchargés d'anneaux d'or,
Qu'Adrien tout en pleurs entre ses mains avares
Déjà raidis et froids, serrait, baisait encor,

Triomphent de nouveau sous des étoffes rares
Et font revivre, hélas! mille ans après ta mort,
L'ère auguste des dieux et des amours bizarres.

LA PRINCESSE AUDOVÈRE

A THÉODORE DE BANVILLE

Dans le calme des bois, auprès du cloître austère,
Où dorment des rois francs les tombeaux vénérés,
Voici venir, pensive et les cheveux dorés,
    La princesse Audovère.

Plus blanche qu'une perle au fond des bois sacrés,
Elle passe à pas lents ; sa lèvre un peu sévère
Garde le fier secret des rêves ignorés,
    Audovère est sans mère.

Blanche dans les plis blancs de sa robe de laine,
Dont l'ourlet est brodé de ·larges trèfles d'ors,
Audovère sourit dans l'ombre des grands chênes ;
        Et les vieux arbres morts,
Dont les rameaux séchés trempent dans les fontaines,
Reverdissent dans l'herbe et les menthes du bord,
Quand vient à les frôler dans sa blancheur hautaine
        L'ample robe de laine,
Dont l'ourlet est brodé de larges trèfles d'or.

Au fond du cloître obscur, dans le bois séculaire,
Calme et le cœur empli d'un retour annoncé,
Elle attend, comme une autre attend un fiancé,
        Un roi sexagénaire.

Entre les hauts talus fleuris de primevère
Elle va, souriante et les yeux enivrés,
Rêvant de la bataille et des rois massacrés
        Dont triomphe son père.

Elle cueille en passant les rouges digitales
De pourpre et les lys blancs, dont le pistil est d'ors !
Un sourire cruel ouvre ses lèvres pâles.
        Elle songe aux rois morts :
« L'éclat neigeux des lys est moins blanc que leur corps,

« Leur sang est plus vermeil que vos rouges pétales,
« Fleurs de pourpre, » dit-elle, et ses lèvres royales
　　　　Baisent les digitales,
Tandis que ses doigts blancs effeuillent les lys d'ors.

Car les champs de bataille et les rouges clairières,
Où râlent, soulevés sur deux poings empourprés,
Les princes expirant sous leurs chevaux cabrés,
　　　　Plaisent aux vierges fières.

Les vierges pour le sang n'ont pas l'horreur des mères,
Frissonnantes toujours pour un fils adoré ;
Leur cœur n'a pas souffert, leurs yeux n'ont pas pleuré
　　　　Aux vierges solitaires.

Blanche dans les plis blancs de sa robe de laine,
Dont l'ourlet est brodé de larges trèfles d'ors,
Audovère sourit dans l'ombre des grands chênes ;
　　　　Et les beaux princes morts,
Dont les fauves cheveux trempent dans les fontaines,
Saignent dans la grande herbe et les menthes du bord,
Quand passe au fond des bois dans sa robe qui traîne
　　　　La blonde et jeune reine,
Dont l'ourlet est brodé de larges trèfles d'or.

Dans le calme des bois, au fond du cloître austère,
Où dorment des rois francs les tombeaux vénérés,
Elle dort, elle aussi, dans ces cheveux dorés
        La princesse Audovère.

Plus blanche qu'une perle au fond du bois sacré,
Elle dort à jamais ; sa lèvre un peu sevère
A gardé le secret de son rêve ignoré,
        Cruel et solitaire.

ENNOÏA

A LECONTE DE LISLE

Chilpéric, roi des Francs de Metz et de Neustrie,
Un soir qu'avec les siens, chargés d'orfèvrerie
Et de ciboires d'or étincelants d'émaux,
Il revenait au pas triste et las des chevaux
De piller au lointain quelque riche abbaye,
Aperçut au rebord de la route accroupie,
Les pieds nus et la face appuyée aux genoux,
Lasse et blême, une femme aux fauves cheveux roux
Qui dormait.

11.

          Auprès d'elle un vieillard au front chauve
Etait debout veillant..... et sur sa toison fauve.
Le ciel bleu rayonnait implacablement pur ;
Car on était en Juin, au mois d'or et d'azur
Et les épis brûlaient dans la chaleur intense.

La femme était si pâle à voir et son silence
Si noir que Chilpéric, appuyant sur le mors
De sa jument, fit halte et devant tous ces ors
Ebloui, regarda la femme et lui fit signe
D'approcher et les grands, l'air imposant et digne,
Se taisaient.
              Mais la femme, immobile et les yeux
Voilés entre ses doigts et ses fauves cheveux
Qui pendaient, sans entendre et voir, restait assise
Sur le talus.... alors levant sa face grise
Et triste sur le roi, déjà devenu blanc
De courroux, le vieillard, un maigre au cou branlant
Lui dit : « Elle est aveugle et n'entend pas ; son âme
« L'a quittée » et le roi vit alors une flamme
Bizarre, qui dansait sous sa robe en lambeaux
Hors d'un grand vase en bronze.... Ainsi que des tombeaux
S'élève un feu follet, nocturne effroi du pâtre,
La flamme sur cette urne errait fine et bleuâtre,
Très pâle, et Chilpéric et ses gens avaient peur.
Il eût voulu partir, mais béant de stupeur
Il restait pour savoir le nom de cette fille
Si blême.
          Haussant le vase et le feu qui vacille,
L'homme la fit lever alors et l'amena
Sous les yeux du roi franc et lui l'examina.

Son visage amaigri d'une douceur étrange
Etait comme mordu par places, gris de fange
Ses bras d'un blanc neigeux sous la trace des coups
Etaient nus, ses cheveux s'accrochaient dans les trous
De sa robe et malgré son aveugle prunelle
Sans flamme, elle était là si grave et solennelle
Que le roi, soulevé sur sa selle, étouffant
Eût voulu l'avoir là toujours.

       « C'est une enfant
« Que j'ai prise avec moi, sire, étant sans famille
« Elle me suit partout depuis, la pauvre fille !
« Elle et moi nous errons ensemble désormais. »
— « Alors elle est aveugle et ne parle jamais ! »
Interrompit le roi tout entier à son rêve.
— « Jamais,... non, quelquefois un an entier s'achève.
« Elle demeure ainsi sans manger et sans voix,
« Puis elle se réveille et, durant tout un mois,
« Elle débite alors des choses merveilleuses
« Et le peuple la suit par les routes poudreuses. »
Et Chilpéric avide et le regard ardent
Lui dit : « Fais-la parler, » et l'homme en grommelant
Reprit : « Parle, Ennoïa, raconte-nous tes rêves. »

Alors d'une voix lente et, comme au bord des grèves
On en entend la nuit gémir, elle parla.
O prodige, on eût dit qu'elle n'était pas là
Tant cette voix dolente était faible et lointaine.
C'était comme un écho d'une douleur humaine
Et des maux endurés dans des temps très anciens,
Et le roi Chilpéric entre ses Neustriens
En l'entendant parler, croyait revivre en songe.

L'enfant dit : « Cher Eden, ô terre du mensonge,
« L'arbre est là monstrueux, énorme avec ses fruits
« Merveilleux dont l'éclat inonde dans les nuits
« Les tigres et les loups couchés dans ses racines,
« Dans les rameaux légers vont les âmes divines,
« Voltigeant et rayant l'azur de leur essor ;
« Et moi, les yeux ravis, j'écoute la voix d'or
« De l'archange invisible et doux qui me conseille.
« Son étrange harmonie enivre mon oreille ;
« Et dans l'ombre odorante au fond des grands bois sourds
« Je bois le cœur trop plein, palpitante d'amours,
« Sa parole adorable et forte.... »

                     « Mais c'est Eve ! »
S'écria le roi franc... « Ne troublez pas son rêve
« Ou l'esprit se taira, » dit l'homme avec deux doigts
Sur sa bouche et l'enfant de sa dolente voix
Reprit :

        « La voile au vent se bombait, la galère
« Fendait l'écume et moi, craignant de lui déplaire,
« J'écoutais souriante et les yeux dans ses yeux.
« Qu'importe si je perds l'âpre faveur des dieux,
« Qu'importe si je trouble à jamais ma patrie, »
Disait-il, « et ma ville et l'Hellade fleurie !
« Toi tu m'appartiendras dans ma belle maison.
« Qu'elle était douce, ami, sous sa riche toison
« De phanthères d'Asie et d'Egypte, la chambre,
« Haute de ton palais... Les bras frais, sentant l'ambre,
« Il venait se coucher doucement à mes pieds
« Sur les tapis velus, et là des jours entiers,
« Loin des champs de bataille et des cris des victoires,
« Caressant mes cheveux, il contait des histoires
« Et le soir nous montions ensemble sur les tours.

« Là le long des créneaux, tous deux pâles d'amours,
« Nous regardions au loin s'éclairer dans la brume
« Les deux camps, les signaux et les feux qu'on allume,
« Ulysse avec les chefs assemblés en dehors
« De leur tentes ou bien Achille au casque d'ors,
« Qui conduisait un char armé le long des sables. »
Et le roi franc songeait qu'un soir autour des tables
Deux poètes latins, chanteurs, musiciens,
Etaient venus rôder, disant des vers anciens,
Dont le texte parlait vaguement de ces choses.
Même entre les drageoirs pleins de sauge et de roses
Les leudes en riant les avaient fait asseoir
Et manger jusqu'a l'aube.

     « Ils m'ont frottée un soir,
« D'onguents, murmura-t-elle, et puis ils m'ont vendue
« Pour amuser le peuple... alors je fus perdue
« A jamais et chacun me prit dans le chemin.
« Une nuit que debout je faisais, cistre en main,
« Danser des matelots au fond d'une taverne,
« Une averse éclata sur le toit, la lanterne
« Du bouge s'éteignit et moi parmi les coups
« Les jurons et les cris de tous ces hommes souls
« Je pleurais, quand un homme entra dans la mêlée
« Et me prit par la main. »

     — « C'est moi, je l'ai trouvée
« Buvant avec la lie et l'écume des ports,
« Et l'ai prise avec moi, dit l'homme, depuis lors
« Elle me suit, pauvre être arraché de l'abîme.
« Tour à tour adultère, innocente et victime,
« Elle fut Ennoïa, Barbelo, Prounikos.
« Elle est de tous les temps ; l'ancien dieu grec Eros,
« L'Astarté de Sidon, parfois la chasse encore.

« Hélène au temps de Troie, Homère et Stésichore
« Ont maudit sa mémoire et le héros païen
« L'avait pour concubine… à Rome un phébéïen,
« Qui l'aimait, l'égorgea vivante, échevelée ;
« Et les rois sous Tarquin l'ont prise et violée
« Dans le corps de Lucrèce… Elle fut Dalila
« Qui coupait les cheveux de Samson… Attila
« Fut par elle égorgé dans la chambre de noces.
« Sous les tentes de cuir, où veillent les molosses,
« Son ombre avec Judith errait dans Israël
« Et bien des cous tranchés ont sur son bras cruel
« Saigné.

        Fausse, idolâtre, à tous prostituée,
« Elle a traîné partout, de joie exténuée,
« Chanté dans chaque bouge, au coin de tous les bourgs,
« Baisé tous les passants, usé tous les amours.
« Les voleurs ont connu sa grâce charmeresse.
« A Sidon, en Syrie, elle était leur maîtresse
« Et buvait avec eux l'âpre gain de sa nuit.
« Le jour elle cachait un prêtre dans son lit,
« Dans son lit tiède encor des passants de la veille.
« Alors moi, la voyant toujours grasse et vermeille,
« Moi je l'ai rachetée à prix d'or aux voleurs
« Et si bien rétablie et mise en ses splendeurs,
« Que les beaux jeunes gens et les vieillards avares,
« Dont les bras sont serrés au poignet d'anneaux rares,
« Quand nous passions ensemble auprès de leur logis,
« Me suivaient par la ville avec des yeux rougis
« Et de l'or plein les mains.

        Néron fut épris d'elle
« Et la fit mettre à mort, il la trouvait trop belle
« Et craignait de l'aimer ; Caüs Caligula

« La fit empoisonner ; Titus, lui, l'exila ;
« Et le peuple affolé la prenait pour la lune,
« Tant son front était pâle.
                              Et c'est là ma fortune,
« Je l'emmène avec moi chez les rois, les puissants,
« Et les crimes de fange et les crimes de sangs,
« Toutes les trahisons d'un passé de folie
« Débordent sur le trône et la pourpre avilie,
« Et c'est là mon triomphe et tout ce que je veux,
« Tout dissoudre. »
                        Et le franc troublé par ces aveux
Sentait poindre et monter, comme un feu dans son âme,
Le désir fou d'avoir à son tour cette femme.
Ce corps livide et blême entrevu par les trous
De sa robe, ces bras mordus et bleus de coups,
Ces yeux blancs l'attiraient : désir infâme, étrange
De se vautrer enfin tout un jour dans la fange,
De toucher cette boue et de goûter ce fiel.
Or, ayant fait remettre au vieillard solennel
Ses anneaux d'or massif et sa bourse pesante,
Le roi, la gorge sèche et l'oreille luisante,
Lui fit dire à voix basse : « Amène-la ce soir
« Au palais. Un valet viendra la recevoir
« Au seuil. » Et les chevaux, qui mangeaient en silence,
Ayant repris leur pas de rêve et d'indolence,
Le cortège harassé du roi franc disparut
Par le sentier des blés.
                          Vers le soir, ayant bu
Trois cruches d'hydromel et deux de vin du Rhône,
Le roi franc fit venir Hildebert près du trône
Et lui transmit un ordre aimable assurément,
Car le valet sourit dans l'ombre.

                                    A ce moment
Un homme, conduisant une femme très-pâle,
Ayant heurté trois fois du plat de sa sandale
Sur le seuil en dehors, la porte aux clous de fer
Céda sans bruit et l'homme avec un rire amer
Ayant poussé la femme en avant dans la salle,
La serve Frédégonde entra, sinistre et pâle,
Dans la chambre à coucher des rois Mérowingiens
Et la guerre, la haine entre les rois chrétiens
Egorgés, le poison, le meurtre, l'adultère
Entrèrent avec elle et sous la voûte austère
Frédégonde, attentive aux pas du roi des francs,
Ecoutait, les bras nus croisés sur ses seins blancs,
Se presser et monter du lointain encor sombre
Les désastres futurs et les crimes sans nombre,
Tous maux nés de la femme et laissés aux neveux
Par l'aïeul, et la joie éclatait dans ses yeux.

FUGIT AMOR

À THÉODORE DE BANVILLE

De ma pauvre âme à demi morte
Odorant et léger linceul,
Des roses saignent à ta porte
Et des lys neigent sur ton seuil
Et toi sous ta blanche tunique,
Pareille au dieu cruel et fort,
Tu souris pensive, ironique.
      Negat Amor.

Ce couple ailé de tourterelles,
Je l'ai pris pour toi dans les bois,
Et les blancs fuseaux que tu vois
Sont modelés sur tes doigts frêles.
Sous leurs ailes mon cœur palpite.
Sur ta bouche il prend son essor
Et toi, tu ris toujours, maudite,
      Ridet Amor.

Pour toi j'ai fait venir d'Asie
Des coffret de bois de santal,
Des essences, de l'ambroisie
Dans des amphores de cristal.
Dans leur subtil et fin arôme
Mon cœur embaumé, comme un mort,
S'exhale, triste et doux fantôme.
        Hœret Amor.

Vois, j'ai ~~déjà~~ des robes d'hyacinthes,
J'ai du cinnamone et du nard,
J'ai des agrafes de Corinthe,
Et des coffres remplis de fard.
Tu lèves enfin la paupière
Et devant l'éclat du trésor
Tu ris à l'or, à la lumière.
        Aït Amor.

Hé bien, garde tes joyaux rares,
Tes anneaux, tes parfums trop lourds,
Ton cœur et tes baisers avares ;
Je ne veux plus de tes amours.
Sous ta lèvre rouge et banale
Mon amour de lui-même est mort.
Loin de moi, caresse vénale.
        Horret Amor.

Ferme en vain sur les tourterelles
La cage en treillis de roseaux.
Retiens en vain dans tes doigts frêles
Le fil doré de tes fuseaux.
L'Amour a déserté la cage,
Son aile a rompu le fil d'or
Les baisers ont fui le bocage.
Fugit Amor.

LES DIEUX

A PAUL DE SAINT-VICTOR

Dans les parfums, dans l'ambroisie,
Le front ceint d'éblouissements,
Les jeunes dieux, fils de l'Asie,
Apparaissent fiers et charmants.

Cruels ils ont la fantaisie
Du meurtre et de l'écrasement.
La puissance a sa frénésie,
Dont le crime est l'apaisement.

Accoudés aux trônes d'érables
Et d'or, où sourit leur fierté,
Ils ont aux cris des misérables
Des longs soupirs de volupté.

Qu'importe aux dieux les agonies,
Les cris d'un monde révolté
Et les penseurs aux gémonies !
Ils sont la force et la beauté.

La force, éternelle injustice
Qui fait râler l'homme à genoux,
La force, effrayante et complice,
Est dans leur front stupide et doux :

Et sous les astres qu'elle embrase,
Leur éclatante nudité
Est le rêve d'or et l'extase
Du monde et de l'éternité.

EROS

Debout dans la clarté fulgurante des cimes
Le fier chasseur Eros, le meurtrier des cœurs,
Resplendit, flamme pure, au-dessus des abîmes
Et lance autour de lui ses traits sûrs et vainqueurs.

Le trait sonne à travers l'immensité sublime
Et sous l'éclat du Ciel implacable et moqueur
Une goutte de sang, rouge étoile du crime,
Tombe aux pieds nus d'Eros, large comme une fleur.

L'archer cruel sourit. Avec lenteur, farouche
Il retend son grand arc et les coins de sa bouche
S'ouvrent pleins de mépris. La flèche siffle encor

Et le soleil se couche et l'aurore immortelle
Se lève, Eros est là dans la gloire éternelle,
Sous les gouttes de sang parmi les flèches d'or.

SÉLÈNÈ

Debout dans la splendeur des blanches nuits d'hiver,
La blonde Sélené sans tuniques et sans voiles
Préside au chœur nocturne et rêveur des étoiles
Menant la danse ailée au fond du ciel ouvert.

Un fin croissant d'argent dans ses cheveux d'or clair,
Elle agite en riant entre ses bras d'opales
Un grand arc en ébène et les nuits sidérales,
Sont les reflets tremblants et nacrés de sa chair.

Les traits de son carquois sont les rayons lunaires,
Pères des visions, des fables légendaires
Qui dansent dans la brume en se donnant la main

Et, debout dans la nue, elle sourit en rêve
Au pâtre sur les monts, au pêcheur sur la grève.
Et blanchit doucement les arbres du chemin.

ZEUS

Le front ceint de rayons et les paupières closes,
Zeus implacable au faible et propice aux puissants
Préside à l'harmonie éternelle des choses,
Assis dans la clarté des cieux retentissants.

Grave, il prévoit l'effet et reconnaît la cause,
Penché sur l'avenir des âges renaissants,
Où son ombre, selon son caprice morose,
Met une splendeur d'astre ou des rougeurs de sangs.

A ses pieds des sanglots, des râles, des huées
S'exhalent, arrivant à travers les nuées
Doux comme des baisers donnés entre des fleurs,

Et tout l'Olympe écoute au loin vibrer et rire,
Avec des sons de harpe et des langueurs de lyre,
La haine du vieux monde et ses vieilles douleurs.

KYTHERÉ

Droite et foulant aux pieds des croupes de dauphins
Kytheré, fille amère, en trahisons féconde,
Secoue en perles d'or et de sang sur le monde
Sa toison d'astre en feu qu'elle étreint à deux mains,

Et de sa nuque fauve à ses aisselles blondes
Ses cheveux roux, tordus entre ses doigts divins,
Coulent en ruisseaux d'or sur ses hanches profondes,
Allumant des clartés aux pointes de ses seins.

Debout dans la splendeur de ses cheveux d'aurore,
La fille amère rit et son rire sonore
De rut et de folie embrase l'univers ;

Et tandis qu'elle rit, montrant ses dents de nacre,
Des soudaines rougeurs de meurtre et de massacre
Montent, comme une flamme, au fond de ses yeux verts.

HÉLIOS

Au-dessus des chevaux cabrés de son quadrige
D'or vermeil, au-dessus des sommets radieux
Hélios avec l'aurore apparaît dans les cieux,
Dans la gloire effrayante et pâle d'un prodige.

Avec deux profondeurs superbes dans les yeux
Il traverse l'azur, où sa toison voltige,
Tenant la grande lyre où dort l'oiseau vertige
Entre ses beaux bras nus de poète des dieux.

Le dieu chante et sourit. Un souffle de tempête
Le soulève.... un grand vol d'aigles noirs sur sa tête
Tourbillonne, emporté dans ses fauves accords ;

Et, dans l'ombre à ses pieds la foule extasiée
Des songeurs éblouis, la face incendiée,
Râle et meurt longuement, criblés de ses traits d'ors.

13

ÉPILOGUE

A GUSTAVE MOREAU

I

Le rapsode était mort ; la lyre en bois sculptée
Gisait près du cadavre au milieu du torrent.
La Muse entre ses bras prit la tête en pleurant,
La tête encor saignante et fraîchement coupée,

La posa sur la lyre et, de ses doigts tremblants
Ayant fermé la bouche adorable et crispée,
Baisa ce front de neige et fixa ces yeux blancs,
D'une immense douleur de femme enveloppée.

« Adieu, murmura-t-elle, ô doux poète errant
« Qui marchais ébloui dans la nature fée,
« Escorté des lions et la tête coiffée

« De lauriers d'or, ta tête aux grands yeux transparents
« Est donc à jamais vide et ta voix étouffée,
« O sublime échanson de philtres énivrants.

ÉPILOGUE

II

« *Sous les grands bois émus tu marchais triomphant*
« *Et moi je te suivais par les fraîches Tempées.*
« *Ton souffle m'emportait et, le front dans le vent*
« *De tes vers, je chantais sans songer aux épées.*

« *Ton poème emplissait le monde encore enfant.*
« *Farouche, précédant le troupeau des Napées*
« *Je gagnais avec toi les larges échappées,*
« *Sur les cimes, dans l'aube et le soleil levant.*

« *Le sang coule aujourd'hui de ton beau corps d'albâtre.* »
Elle dit; ses bras nus, chargés d'un triple rang
D'anneaux d'or, se tordaient sur sa robe bleuâtre

Et les hommes avaient ce tableau déchirant :
Le front sanglant d'un dieu porté par une fée.
La Muse au fond des bois pleurait la mort d'Orphée.

TABLE

TABLE DES MATIÈRES

II

PARFUMS ANCIENS

III

LE SANG DES DIEUX

HAVRE. — IMP. DU COMMERCE, L. ÉCHÉGUT, AD.-DIR., 3, RUE DE LA BOURSE